图解防御型驾车技巧

第 2 版

陈善同 编著

防御型驾驶，就是驾驶时采取自我防御措施，减少或避免非主观原因对自己造成的伤害。本书介绍了"知己知彼""居安思危""保持距离""用眼驾驶"四大防御型驾驶战略，结合彩色插图讲解了在交叉路口、高速公路、不利天气等情况下如何使用"识别危险—决定对策—执行决定"三步法。通过本书的学习，车主会变成一名防御型驾驶人，能够预测其他道路使用者的错误行动，在天气和道路条件变化时正确调控车速和位置。

本书适合驾驶人阅读，以提高驾驶水平，也可作为送给亲朋好友的平安之礼。

图书在版编目（CIP）数据

图解防御型驾车技巧 / 陈善同编著. — 2版. — 北京：机械工业出版社，2022.2（2025.1重印）
ISBN 978-7-111-70203-0

Ⅰ.①图… Ⅱ.①陈… Ⅲ.①汽车驾驶—图解 Ⅳ.①U471.1-64

中国版本图书馆CIP数据核字（2022）第033363号

机械工业出版社（北京市百万庄大街22号 邮政编码100037）
策划编辑：谢 元　　　　　责任编辑：谢 元　丁 锋
责任校对：王 欣　贾立萍　封面设计：马精明
责任印制：郜 敏
中煤（北京）印务有限公司印刷
2025年1月第2版第4次印刷
184mm×260mm·10.25印张·210千字
标准书号：ISBN 978-7-111-70203-0
定价：59.90元

电话服务　　　　　　　　　网络服务
客服电话：010-88361066　　机　工　官　网：www.cmpbook.com
　　　　　010-88379833　　机　工　官　博：weibo.com/cmp1952
　　　　　010-68326294　　金　书　网：www.golden-book.com
封底无防伪标均为盗版　　　机工教育服务网：www.cmpedu.com

前 言

"旧时王谢堂前燕，飞入寻常百姓家。"

经过四十余年的改革开放，外观靓丽、内部舒适的汽车已进入中国的千家万户，这景象不禁使人联想起唐朝诗人刘禹锡的上述诗句。据公安部统计，2023年全国机动车保有量达4.35亿辆，其中汽车达到3.36亿辆，汽车驾驶人达4.86亿人。目前，这个发展势头还在持续，中国已坐稳汽车生产和销售量世界第一的位置。

但由此伴生的问题是汽车交通事故频发，造成惨痛的人员伤亡和重大的财产损失。打开电视新闻频道，汽车交通事故是比较常见的题材。据有关部门统计，2020年，我国共发生交通事故247646起，伤亡318864人，其中死亡62763人。

在许许多多的汽车交通事故中，有一个很普遍的现象，即在因事故死伤的总人数中，真正"罪大恶极"的肇事者是极少数，大多数是具有基本驾驶技能、遵纪守法的驾驶人和乘车人。换句话说，即使你通过了驾驶考试，取得了驾驶证，驾驶时也遵守交通法规，但无情的现实是——卷入交通事故的可能性仍然时刻威胁着你。

这种情况表明，只要你坐在方向盘后，就有一把"利剑"悬在你的头上。这不是危言耸听，而是残酷的现实。在汽车交通事故面前，就连社会名人也未能幸免。2015年5月23日，美国著名经济学家、博弈论创始人、诺贝尔奖获得者约翰·纳什和夫人刚从挪威领奖（数学界的阿贝尔奖）回国，在从新泽西机场回家途中遭遇车祸去世。

这则消息和以往许多同类消息一样引起很大轰动和反思。

人们在与汽车交通事故做斗争的实践中发现，通过预测危险和预先知道如何应对，可以降低事故发生的概率和减少事故造成的损失。面对危险时，因提前有了准备，知道最安全的应对办法，而不至于惊慌失措。当然，这个"预测"和"预知"是否正确有效，需要经过实践检验。

"防御型驾驶"概念和"防御型驾驶技术"所包含的内容，正是现阶段人们应当获得的"认识"。可以断言，随着时间的推移，防御型驾驶的内容会有补充和修订，但它的定义和功能不会变——驾驶时采取自我防御措施，避免或减少非主观原因对自己及乘员造成的伤害！

你从本书中学到的这些知识，可能挽救你的生命和你周围人的生命，让悬在你头上的"达摩克利斯之剑"化解于无形。

编　者

目　录

前言

第一章　概论·················· 1	第六节　决定先行权和判断车距········ 72
第二章　知己知彼············· 3	第七章　城市驾驶················ 75
第一节　"知己"——做一个负责任的驾驶人················ 3	第一节　适应城市交通环境········ 75
第二节　"知彼"——了解和你共用道路的人················ 12	第二节　跟车和被跟车············ 77
第三节　"知彼"——了解你的车····· 17	第三节　会车和变更车道·········· 80
第四节　"知彼"——了解道路····· 25	第四节　超车和被超车············ 82
第三章　居安思危············· 27	第五节　城市驾驶的基本技巧······ 83
第一节　识别危险················· 27	第六节　城市交通中的特有道路···· 87
第二节　决定对策················· 36	第七节　保护他人················ 90
第三节　执行决定················· 38	第八章　公路驾驶················ 94
第四节　三步法的应用············· 40	第一节　公路交通特点············ 94
第四章　保持距离·············· 42	第二节　在公路上驾驶············ 97
第一节　开放区和封闭区··········· 42	第三节　特殊的驾驶环境·········· 108
第二节　前方的安全距离··········· 43	第九章　高速公路驾驶············ 113
第三节　两侧的安全距离··········· 48	第一节　高速公路驾驶特点········ 113
第四节　后方的安全距离··········· 51	第二节　进入高速公路············ 118
第五章　用眼驾驶·············· 52	第三节　高速公路驾驶技巧········ 121
第一节　关于"看"的一些知识····· 52	第四节　驶出高速公路············ 127
第二节　如何用眼驾驶············· 53	第五节　高速公路的特殊问题······ 130
第六章　交叉路口·············· 59	第十章　和其他车辆共用道路······ 133
第一节　搜索交叉路口············· 59	第一节　大型车辆················ 133
第二节　有控制的交叉路口········· 62	第二节　小型车辆················ 137
第三节　无控制的交叉路口········· 65	第十一章　在不利的条件下驾驶···· 145
第四节　环岛和立交桥············· 68	第一节　能见度降低·············· 145
第五节　铁路交叉口··············· 70	第二节　牵引力减小·············· 149
	第三节　其他不利的气候条件······ 159

第一章 概 论

一、防御型驾驶

防御型驾驶的英文名是 Defensive Driving。这个名词在20世纪相关出版物中就曾出现，如美国知名的驾校教材《Drive Right》（1982年版）中，就有这个名词，并定义"防御型驾驶是在驾驶环境发生危险和突然变化时保护自己和其他人的技术。"直到21世纪初，美国国家安全委员会组织编写的防御型驾驶课程对防御型驾驶正式定义为"为挽救生命、节约时间和避免金钱损失的驾驶，尽管你周围的条件和他人的行为险恶。"

这个定义指明"周围的条件"和"他人的行为"是造成汽车交通事故，从而导致人员伤亡、财产损失和浪费时间的原因。

二、防御型驾驶技术

什么是防御型驾驶技术？它和在驾校学习的汽车驾驶技术有何区别？

汽车驾驶技术，通常指驾驶汽车的基本技能和相关交通法律法规知识，是获得驾驶证必须具备的条件。防御型驾驶技术，是人们在和汽车交通事故的斗争实践中，从血的教训和成功的经验中，逐步认识和理解了这种斗争的规律性，即和不安全因素做斗争的"战略"和"战术"。所谓"战略"，是实施防御型驾驶的指导思想，有了明确的指导思想，当面对各种复杂情况时才会"想"出妙招即制胜的驾驶技巧；所谓"战术"，就是为达到防御型驾驶目的而实施的驾驶技巧，这些技巧因时因地因情况而有变化。

"战略"和"战术"的总和，就是防御型驾驶技术。

三、公路交通运输系统三角形

人们和汽车交通事故做斗争，斗争的对象是什么？防御型驾驶，防御的对象是什么？两个问号是指同一问题，为回答这个问题，请看图1。

公路交通运输系统的三个组成部分是人、车和路。其用途是以安全、高效和经济的方式，将人或物从甲地运到乙地。随着社会经济的发展以及人们对物质和文化生活需要的提高，货物运输和人员流动的量越来越大。由于公路运

图 1

输的便捷性和灵活性，特别是"门到门"的特点，使它较航空运输和水路运输等具有更大的社会作用。2020年底，我国公路里程突破510万千米，其中高速公路16万千米。

　　公路交通运输系统是一个高度复杂且庞大的系统。组成系统的三个部分之间，相互依存、相互制约，三者之间的关系靠交通法规及相应的交通控制系统协调。这三个方面的关系处理得好，公路交通系统就能正常运行并发挥它的功能，满足人们日益增长的对物质和文化生活的需要。如果其中任何一个环节出了问题，都将影响和破坏公路交通系统的正常运行，其表现就是交通拥堵和交通事故。三角形的三边是系统的三个部分——人、车、路。三角形内的三条线，分别表示交通法规、信号控制和执法监管，哪一条线出问题都会破坏三角形的平衡运转。交通事故形形色色，但究其原因都可从这个三角形中找到答案。引发交通事故的种种问题可归结为不安全因素，它就是防御的"对象"，是斗争的"敌"方。

四、驾驶环境三角形

　　"对象"有了，如何防御，请看图2。

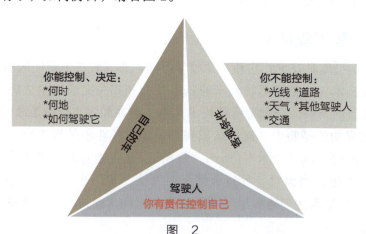

图　2

　　图1是从宏观的角度看汽车交通事故，图2是从驾驶人的角度看他所处的驾驶环境，也是一个三角形。三边是构成驾驶环境的三个因素——驾驶人、自己的车、客观条件。这三个因素中，只有"驾驶人"和"自己的车"是能控制的因素，而"客观条件"是驾驶人不能控制的。驾驶人只能根据客观条件，如光线、天气、道路、交通和其他驾驶人等，然后决定如何行动。驾驶人的决定和行动，既可能是正确的、安全的，也可能是错误的、危险的。

# 第二章 知己知彼

"知己知彼，百战不殆。"这是《孙子兵法》中一条预测胜利的方法。己：自己；彼：战争中的对方；殆：失败，危险。全句意为对自己和对方的情况都很了解，才能百战百胜。

在这里，我们所说的"彼"是指引发交通事故的不安全因素，"己"是驾驶人自己，我们追求的"胜利"是平安出行到达目的地。

第一节 "知己"——做一个负责任的驾驶人

很多事实证明，一个对自己没有正确认识的人，他的工作没有不失败的。汽车驾驶也是如此。驾驶人的失误，不仅造成经济上和工作上的损失，而且会危及自己和他人的生命。试问，喝了酒的人为什么还要去驾驶？就是因为他没有"自知之明"，他认为自己仍然有驾驶能力，仍然能控制汽车。事实上，他已是一个身心受到伤害（尽管可能是暂时性的）、失去驾驶能力的人。我国交通事故致死案例中，50%以上与酒后驾驶有关。这仅是一个不能做到"知己"导致失败的例子。因此，要想成为防御型驾驶人，首先从了解自己开始。

一、你的权利和责任

拿到盼望已久的驾驶证，意味着你有了驾车的权利，有了更大的行动自由。但是，这个"自由"绝不是"任意驰骋"，你必须遵守公路交通运输系统的"游戏规则"——交通法规。

在你享受使用公路交通运输系统权利的同时，必须承担相应的责任。你有责任为公路交通运输系统的正常运行作出贡献；你有责任保护车上的乘员及其他道路使用者（特别是处于弱势的行人和骑车人）；你有责任对车辆实施适当的维护保养；你有责任根据道路、交通情况调节自己的驾驶行为，保持警惕，避免碰撞；你还要为自己的驾驶行为承担法律规定的财务责任。只有对肩负的责任有清醒的认识，才不会滥用手中的权利，才不会把驾驶汽车视为儿戏。

二、你的工作性质

有人说："驾驶工作是简单的体力劳动，无非就是'扳盘子'（方向）、'踩板子'

（加速和制动）、'动杆子'（变速），如此而已。"

这，就是无知带来的偏见。不论你从事什么职业，只要你坐在方向盘后，你就是在从事驾驶工作。而要胜任驾驶工作，必须掌握以下技能：

1. 体力劳动技能

体力劳动技能，即用手脚控制汽车的技能，也称"肢体技能"。基本的肢体技能是驾驶人必须学会和掌握的而且要努力达到熟练程度的技能。只有这样，才允许驾驶人把注意力集中到其他技能的使用上。

2. 脑力劳动技能

肢体按照大脑的指令动作，如果在错误的时间、地点发出错误的指令，再娴熟的肢体技能也无济于事。这就要求驾驶人有良好的脑力劳动技能，在最短的时间内作出正确的决定，指挥肢体动作，这种技能也称"思维技能"。

3. 交流沟通技能

在日常生活中，在社交场合里，人们主要通过语言进行交流沟通。但是，驾驶车辆在喧嚣的车流中行进时，如何与四周的道路使用者交流沟通呢？如何让别人了解自己的想法，让他们知道你要转弯、变更车道等，这就必须掌握驾驶工作中特有的交流沟通技能。文明礼貌在交流技能中占有重要地位，因为交流的目的是争取协作配合，不是简单地把自己的意志强加于人。防御型驾驶人必然是文明礼貌的驾驶人，他总是遵守交通法规和体贴他人——行人、骑车人和其他驾驶人等。

三、你适合驾驶吗？

也许你会说："我都有驾驶证了，这还用问吗？"用！那些肇事的驾驶人几乎都持有驾驶证。有驾驶证，甚至还有若干里程的驾驶经历，这也不能保证你在当时当地有驾驶能力。因为，驾驶人的某些心理和身体条件（表1）会影响他的驾驶能力。

表 1

心理条件	身体条件
紧张	疲倦
激动	综合的身体健康状况
态度	视力
疲惫	药物
	听力
	灵活性

为了减轻心理和身体压力的影响，你可做下面这些动作：

- 试做放松体操。
- 驶进休息区小憩。
- 不在意其他驾驶人的"凶狠"态度。
- 让攻击型驾驶人超过你。
- 在工作和生活之间建立平衡。
- 均衡饮食。
- 保证充足的高质量的睡眠。
- 定期锻炼身体。

影响驾驶能力的其他三个严重问题：饮酒、注意力分散和疲劳。下面分别详述。

四、饮酒

在当今社会，酒对人的诱惑力很大，但饮酒和驾驶连在一起的后果十分严重。作为防御型驾驶人，一定要对饮酒有深刻的认识。

1. 酒精对行为的影响

为了研究酒精对行为的影响，定义了以下三个参数：

（1）酒量的标准计量单位——标准杯　不论什么酒，当酒中所含酒精量达到18毫升时的酒量为标（准）杯。例如：啤酒中的酒精含量一般为5%，则啤酒1标杯＝18/0.05＝360毫升；葡萄酒中的酒精含量约为12%时，1标杯＝18/0.12＝150毫升；酒精含量为40%的烈酒，1标杯＝18/0.4＝45毫升。

（2）血液酒精浓度（Blood-Alcohol Concentration，BAC）　饮酒后，酒中的酒精直接被吸收进入血液中，酒精在血液中的百分比就是血液酒精浓度。

（3）饮酒时间——1小时　同量的酒，急饮和缓饮对行为的影响差别很大。为便于比较，规定1小时内饮完定量的酒。

饮酒量和BAC及行为举止特征的关系见表2。

表　2

1小时内的饮酒量/标杯	BAC	喝完定量酒后的行为举止特征
1	1%~2%	抑制力减弱，判断和推理开始受到影响
3	5%~6%	判断不正确，不能清晰地思考。推理不可靠。可能做一些粗野的和没道理的事
4	8%~9%	听力、语言、视力和平衡能力受到影响
5	10%~11%	大多数行为受到影响，身体的各个部分似乎都不能"协同工作"，任何用手和脚完成的工作执行困难。走路跌跌撞撞，不能正常行走

表1是将诸多因素"一般化"后得到的结果,不能要求符合每个具体人的情况。身材瘦小、有病的、新学开车的和初次饮酒的,可能被酒精损害得更快更重。

2. 酒精对驾驶能力的影响

酒精进入体内后,不需消化,直接通过胃和小肠壁进入血液,随着血液流到大脑。按酒精对中枢神经系统的效应类型分类,它归类为抑制药物。酒精和其他抑制剂(麻醉剂和镇静剂)一样,能减缓大脑的活动,影响人的思维和行为方式。这种效应一般是暂时的,经过一定时间后,随着酒精在肝脏内分解排除,酒精对行为举止的影响逐渐消失。因此,对于不开车的人,适量饮酒是无害的,行为举止只要不伤害他人、不危害社会,也是合法的。但是,对于驾驶人来说,酒精对身体的影响,实质上是剥夺了他的驾驶能力。

图3所示为脑部受损害的次序,具体分析如下:

(1)对思维能力的影响 控制判断和推理的第1区位,首先受到影响,判断和推理能力减弱,对速度、时间和空间作出错误的判断和预测,乃至作出错误的决定。但此时,这个已受酒精影响了的驾驶人竟然自我感觉良好,感觉驾驶能力比平常更敏锐更迅速和更准确。这种虚假的身心很好的感觉,使他丧失应有的自我控制能力,驾驶速度越来越快,可能去冒在正常情况下不会去冒的危险,乃至濒临危险境地还无察觉。

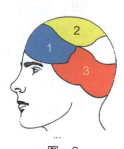

图 3

(2)对肢体能力的影响 随着进入血液中酒精量的增多,控制肌肉运动、反射和平衡的第2区位受到影响,身体的运动、肌肉的条件反射变慢,行为开始迟钝和不灵活。遇到危急情况,脑部要比正常情况花费更多的时间加工信息和作出反应。这导致转向和制动不协调、不到位,或是过度转向或是转向不足,或是制动太迟或是突然加速。

(3)对视力的影响 酒精最危险的效应之一,是第3区位受影响后损害视觉,即清晰、敏锐观察事物的能力。夜视觉、侧视觉、色彩视觉和深度感知能力都被酒精削弱,聚焦能力变差,使景象模糊不清,结果就是本可以看见的事物看不到了。

酒精还影响眼睛的反射行为。在夜晚,这个后果极其严重。当迎面来车接近时,它的前照灯光射向驾驶人,在正常情况下驾驶人眼睛的瞳孔习惯性缩小(反射行为),把过量光线挡在外面,避免因迎面来车的前照灯太亮而致盲;车通过后,亮光消失,瞳孔自动恢复变大,让所有可利用的光进入眼内,以便能看清黑暗中的物体。瞳孔受酒精影响后,该缩小时不能及时缩小,该放大时不能及时放大,从而导致驾驶人暂时性失明,后果十分严重。

大量饮酒后,与含糊不清的说话伴生的是模糊不清的视觉或重影。正常情况下,两眼摄取物体的两个影像,大脑很快地协调它们,使人看到的只是一个影像。但是,酒精的作用是使图像的协调配位变坏，人看到的可能是多个影像。例如：道路中线本是一条，却看成两条；会车时，在道路两侧同时出现迎面来车的假象。

3. 酒精排出时间

酒精进入人体后，不需消化过程，直接进入血液。随着血液的循环流动，一方面影响大脑，另一方面被氧化分解，从肝脏排出。尽管分解排出的速度慢，但经过一定时间后，还是会排尽。到那时，血液中已不再含有酒精，酒精的影响当然就不复存在。

饮酒后，要经过多长时间才能恢复到适合驾驶的状态呢？

研究表明，就一般人而言，酒精排出速度为每小时 3/4 标杯。也就是说，喝下 1 标杯酒后，至少经过 75 分钟后才能恢复驾驶能力。

血液中酒精浓度 BAC 和恢复时间的关系如图 4 所示。

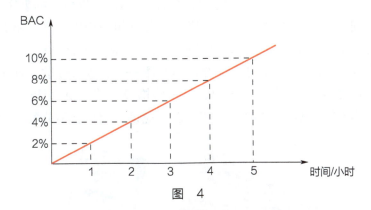

图 4

一位在 1 小时内喝下 5 标杯酒的人（BAC 达到 10%），至少需要近 5 小时，才能恢复正常的驾驶能力。时间是唯一的解酒方法，其他各种"醒酒"方法，诸如洗冷水澡、喝浓茶、跑步和游泳等，都是不科学的。

4. 酒驾和法律

酒后驾驶，即使没有引发交通事故，也是违法行为。

违法行为的法律界定，主要是测量驾驶人血液中的酒精含量。由于所用计量单位的不同，测试结果的表达会有差别。例如，我国使用的单位毫克/100 毫升，即 100 毫升血液中酒精的毫克（mg）数；美国使用 BAC，判定是否违法。

我国规定分两等：饮酒后驾驶机动车，血液酒精含量大于 20 毫克/100 毫升，小于 80 毫克/100 毫升；醉酒后驾驶机动车，血液酒精含量等于或大于 80 毫克/100 毫升。

美国的规定是：任何人 BAC 等于或大于 0.08%；持商业驾驶执照者，BAC 等于或大于 0.04%；年龄不足 21 岁，BAC 等于或大于 0.05%；年龄不足 18 岁，BAC 达到任何可检测标准。均属违法！

除血液测试外，还可通过呼气测试和尿液测试等化学试验方法测定驾驶人的酒精含量。

我国针对酒驾人员，由公安部门约束至酒醒，处 15 日以下拘留，暂扣机动车驾驶证 3~6 个月，罚款 500~2000 元。

酒后驾驶危害大，牢记"酒后不开车，开车不饮酒！"

五、注意力分散

西方有一个所谓的墨菲法则，凡有可能出错的事必然出错。在中国，相关的语句也很多："人算不如天算""该来的总是要来的""你越是害怕的事物，越会出现在你的生活中""越是想要什么，越不能得到什么""有心栽花花不开，无心插柳柳成荫"等。这类语句和墨菲法则，阐述了一种偶然性中的必然性，道出了"容易犯错误是人类与生俱来的弱点，不论科技多么发达，事故总会发生"的事实。

墨菲法则同样适用于驾驶。法则和那些相关语句的积极意义，就是提醒你每次驾驶时都不能忽视小概率危险事件，都要时刻保持警惕，专注驾驶。

但是，在现实中，许多驾驶人恰恰是不专注——注意力分散。你很可能看到过那些在驾驶时吃东西（图 5）、看读物、打扮修饰或对着手机讲话的驾驶人。虽然，这些驾驶人是你不能控制的"客观条件"，但你应该控制自己不分散注意力。

图 5

在汽车内，一件事、一个动作、一个物体或一个人，都会分散你的注意力以致离开驾驶工作。随着手机和网络的普及，车内电子装置增加，旅行变得更舒适、方便和安全。例如，导航和娱乐系统、平板电脑等。尽管，它们有许多好处，但它们会分散注意力。使用时应注意和遵照以下安全提示：

- 事先了解当地关于车内使用无线电话和其他电子装置的交通法规。
- 只有当你的车辆可靠地停住时才使用电话。
- 在危险情况下，如坏天气或交通堵塞，不使用电话或其他装置。
- 驾驶时，不搜寻和记录电话号码。
- 只在正常停车时调节仪表板上的控制装置，避开驾驶时。
- 当需要报告紧急情况和请求帮助时，可以使用手机，但只有在安全和合法时才能这样做。

如果需要，可以使用免提电话，但要意识到它不能防止注意力分散。

注意力不分散，具体地应该专注什么？概括地说，就是"环境三角形"（见图2）的具体化。

1. 注意构成驾驶环境的驾驶人不能控制的客观条件

（1）道路　不要只看眼前，还要密切注意正在走近的前方。尽可能地看远一些，力求在你到达之前识别潜在的危险。

（2）周围及迎面驶来的车辆　看它们各自在做什么，特别注意前方车辆的制动灯和后面正在加速向你逼近的车辆。

（3）其他驾驶人　特别留心那些漠视交通标志和信号灯光、有打电话等注意力分散动作的驾驶人，以及攻击型驾驶人。

2. 注意控制你的车

保持两手在方向盘上。这样做，允许你快速地进行那些仅有一只手在方向盘上不能做好的动作，它也降低了你的手滑离方向盘的概率。如果你一只手正在快速调整，而另一只握方向盘的手滑脱，这可能是避免事故和毁灭你的车辆的生死之差。

3. 注意控制你自己

你不能控制客观条件，但你可以控制你的车辆在适当的时间、空间做适当的动作（速度、方向）化解危险。

提前规划你的行程，并有一个当导航和手机收不到信号时的备用计划。在驾驶时查看地图、街道，就是导致事故的因素。

六、疲劳

疲劳给驾驶人，特别是职业驾驶员（货车、出租车驾驶员），会带来严重的问题。

1. 疲劳如何影响驾驶

坐在方向盘后昏昏欲睡是危险的。统计显示，大多数撞击发生在晚上11点到早上7点和下午2点到4点之间。在这些时间段，驾驶人会犯困、瞌睡。疲劳会削弱你的驾驶能力，使你处在高危险中。疲劳通过以下方面影响驾驶：

- 减慢反应速度。
- 降低警觉性。
- 削弱判断能力。
- 出现危险驾驶行为，例如超速、紧密尾随等。

2. 疲劳的危险症状

许多睡眠不充足的驾驶人，不会意识到他们处于疲劳状态。他们不了解疲劳的症状忽视它的存在会使他的生命和其他人的生命处在危险中。

疲劳的危险症状有：

- 不能集中注意或保持眼睛睁开。
- 头抬起来有困难。
- 不停地打呵欠。
- 精神恍惚，思想混乱。
- 不记得刚刚驾驶通过的里程。
- 漂移出车道或跨上棱纹路面。
- 持续急拉车辆返回车道。
- 经常突然加速或减速。
- 错过出口。

3. 疲劳产生的原因

- 压力（紧张）。
- 缺乏高质量睡眠。
- 坐在方向盘后时间太长。
- 酗酒，长期滥用药物。
- 装卸货、长时间等待。
- 车内温度太高/低。
- 未预料到的道路条件。

4. 控制疲劳

1）尝试了解自己的"生物钟"，注意：何时你最警觉？何时你昏昏欲睡？应遵守正常的工作时间。

2）培养日常睡眠习惯并每天都坚持，承认有责任在下班时间充分休息。

3）在长途出行前，花10到45分钟小睡，这将有助于保持旺盛的精力。

4）每3小时或200千米休息一次，舒展身体、散步、做体操或做安全检查。

5）保持有规律的就餐时刻表，包括在路上和在家中。在睡觉前，避免吃大餐和垃圾食品，以防消化影响睡眠。

6）严禁服用酒类和毒品，它们会影响你的驾驶能力，干扰高质量睡眠和第二天的行动。

7）如果是独自驾驶，可听收音机或音乐；如果有同伴，可聊天、谈话。如果感到疲倦，应找一个安全的地方，靠边停车休息。

8）不要吸烟。如果你已经疲倦，它将使你更加疲倦。

9）在接近睡眠时间，避免喝咖啡，它能引起质量不好的睡眠。

10）定期体育锻炼，保持身体健康。

5. 睡眠紊乱

专家推荐每晚不中断的睡眠至少为 8 小时。睡眠紊乱会阻止或扰乱优质的睡眠并极大地增加碰撞风险。许多有这种病的人不了解它，也不去诊断和就医。

- 睡眠紊乱的常见症状，你有吗？
- 整天感觉头昏眼花吗？
- 当你在白天想要清醒时，却睡着吗？
- 长时间睡不着吗？
- 醒来后感觉困倦吗？
- 在睡眠中打鼾和气喘吗？

如果你有一个回答"是"，你可能有睡眠紊乱（表3），应当去看医生。

表 3

类型	描 述	症状	一般原因
失眠	由多种原因阻止或破坏睡眠引起的疾病	在白天感觉头昏眼花或散漫迟钝 花很长时间睡眠 在睡眠时频繁醒来 醒得太早，不能返回再睡 紧张	使用毒品或药品 睡前饮咖啡 在不熟悉的地方睡觉 在工作时间睡觉 不好的睡眠位置 噪声环境。
睡眠窒息	这种病整个晚上多次发作（气喘—觉醒—再睡—气喘……），却没有意识到它的存在	经常大声打鼾 在睡眠时气喘和窒息 醒来时头疼 8小时睡眠后仍感疲倦 频繁打盹 发现注意力很难集中和记忆力变差	喉部肌肉松弛到引起呼吸问题
发作性嗜睡症	持久的紊乱涉及大脑和中枢神经系统。它引起短暂的睡眠，袭击发生在任何时间，只能靠药物控制	在要求清醒时（如进餐、开会、社会活动中等）入睡 疾病发作持续从几秒到30分钟	在大脑中缺少一种称之为hypocrein 的药物，它负责刺激觉醒和保持正常睡眠

第二节 "知彼"——了解和你共用道路的人

"彼",指的是引发交通事故的不安全因素。不安全因素和交通事故是因果关系。考察形形色色的交通事故时,不难看出造成事故的原因——"不安全因素"都潜藏在组成公路交通运输系统的人、车、路三个部分(图1)中。本节讲"彼"的第一方面:和你共用道路的人。

一、识别和应对攻击型驾驶人

1. 什么是攻击型驾驶

和防御型驾驶对立的是攻击型驾驶。攻击型驾驶是很危险的,它让你和你周围的人遭受危险。美国国家公路交通安全管理局定义的"攻击型驾驶"是:"当一个人从事行车交通犯罪以致伤害他人或财产时发生的事件。"

2. 攻击型驾驶人的行为特征

攻击型驾驶人的一个共同特征是:每到一个地方总是匆匆忙忙,为节省一点时间,他们公然违反交通法规、信号和标志,完全不尊重道路上的其他人;视驾驶为游戏,而且一心要赢每一次;他们的行为常常导致出现"道路狂怒(Road Rage 即'路怒')"。虽然,有一些事情,你可以从攻击型驾驶人身上看到。但是,我们不可能列出攻击型驾驶人能够做的所有蠢事。这里列出一些需要提防的常见的事:

1)超过速度限制,有时极大地超速。我们都看到过有人以 80~90 千米/时的车速穿过学校区域,或在公路上从我们旁边飞驰而过。

2)紧跟前车行驶。

3)反复无常地变更车道。

4)不遵从交通信号。

5)不遵从停车标志。

6)不遵从让行标志。

7)闯红灯。

8)不遵从转弯信号。

9)在路肩或非机动车道上驾驶。

10)在禁止超车区域超车。

11)闪亮远光灯试图使其他车辆移出他们的车道。

12)发泄不满,乱按喇叭。

13)漠视他人的安全。

14)在恶劣的条件下冒险驾驶。

3. 如何应对攻击型驾驶人

1)首先和最主要的是你需要意识到在你的周围正在发生什么事。攻击型驾驶人很少注意他们正在做的事。他们在驾驶时，可能会吃东西、打电话甚至发短信等。

2）攻击型驾驶人发现得越早越好。密切注意后视镜和侧视镜，警惕那些突然改变方向驶入或驶出车道和高速迅速向你逼近的车辆。保持距离，尽可能避开这些车辆。如果你是在多车道公路上驾驶，这时应把车开进慢车道（通常是最右边的那条车道），等待攻击型驾驶人超过你。如果没有慢车道，赶快找一个安全出口，把车驶出，让攻击型驾驶人超车，等他超过你后再进入车道。

3）一旦攻击型驾驶人在你的前面，你略微安全一些，但不能放松警惕。如果他在你的前面做愚蠢的某事并引发事故，你将不得不采取行动避免自己变成事故的一部分。确保给自己留有充足的空间，以便需要时采取规避行动。

4）如果他使路上的每一个人都遭受危险，你最好的行动步骤是把车停在某个安全的地方，打电话报警。如有乘客和你在一起，请他们中的一个人给警察打电话，你继续驾驶。如果你能安全地记录那个攻击型驾驶人的车牌号码，就记下它，只是不要为了得到号码，让你自己处在危险境地。

二、识别和应对醉酒驾驶人

在特定的时间段，你很有可能遇见醉酒驾驶人。在夜晚，特别是在酒吧关门时间前后，你很有可能看到一些动作怪异的车辆。显然，那些车辆的驾驶人的健康受到损害。

1. 健康受损驾驶人的特征

1）反复地突然转向。

2）不能保持在车道内。

3）跨中线或在错误的车道上驾驶。

4）与其他车辆和固定物相遇，侥幸脱险。

5）多次的碰撞并引起事故。

6）宽角转弯（大转弯宽度）。

7）只到最后一分钟才转弯。

8）在路肩上驾驶。

9）驾驶得太慢或太快。

10）反复无常地制动。

11）保持转向灯亮着或完全不使用。

12）在夜晚不开灯。

13）在人行横道或绿灯亮时停车。

2. 为保护自己安全，应当采取的防御措施

1）给那个驾驶人更多的空间，不要试图行驶到他的前面。相反，你要减速，与

他保持更大的距离。

2）尽可能快地离开道路。如果你能走一条替代路线，就更换行车路线。

3）停车打电话报警，报告车辆状况、位置和车牌号码（如果你能安全地记录下来）。

4）确信你车上的每个人都系好他们的安全带。

5）不要试图叫那辆车停下或把问题揽到自己手上。

三、"道路狂怒"（路怒）及应对

所谓道路狂怒，是"Road Rage"的译名，也译作"路怒"的。它指的是驾驶人变得极为愤怒，以致他不能控制自己的情绪，常常疯狂无理地行动。差不多我们都有在驾驶时愤怒的经历。例如：昨夜有事醒来晚了，正匆忙赶往办公地点的途中，察觉上班要迟到和处在交通高峰时刻，我们责骂高速公路一辆挨着一辆的拥挤交通。加之，某个不速之客就在我们前面不远处"加塞"和突然亮起制动灯等，这些都是产生道路狂怒的必要条件。不同之处是，我们有防御型驾驶的知识，接受过防御型驾驶训练，知道如何识别这个情况和控制局面。

防止失控的最佳方式，就是控制你的情绪。它有助于记住这个事实，即防御型驾驶人是平静的泰然自若的驾驶人，特别是面对危险局面时。如果让你的受控制的情绪突然激动，偶然的事件将会变成对抗。在道路上最危险的情况，发生在两个愤怒的驾驶人使用他们的车辆作为武器互相对抗时。

如果你遭遇到这样的情况，另一个驾驶人因你而愤怒生气，并且正企图在路上和你对抗，是保护你自己的时候了。我不是说要你还击，最好的行动步骤恰恰相反。避开眼光接触和在下一个路口右转弯，力求安全地甩掉这个驾驶人。有时，只需要连续两个右转弯，那个驾驶人将放弃纠缠你，开始忙他自己的事。右转弯最好，因为此时你通常不需要停车和等待转弯信号灯。

一旦你确信你是安全的和不再被跟踪，选择一个安全地点把车停下，花几秒钟调整一下自己的心态，然后继续行驶。

在你采取安全的规避行动后，如果其他车辆的驾驶人继续跟踪你，不要回家。许多人的第一本能是驾驶回到他们的家，他们知道那里有人会保护他。但是，驾驶到你的家，无疑告诉了那些愤怒的人你住在何处，过些时候如果被激怒的人决心报复，将会给你带来各式各样的问题。建议直接驾驶到最近的派出所或公安局，在那里你能获得帮助。

当面对一个正在道路上狂怒的驾驶人时，不要试图通过不安全的驾驶快速离开和逃逸。取而代之的是尝试做几个右转弯逃脱。不要停车让这人通过，否则会给这人机会追上和拦截你的车辆。

停车给警察打电话也是个好主意。这是唯一的一次容许你在驾驶时使用手机，使用它报警和告知他们你的位置。如果你在被跟踪时遇见一位警察，减速和突然按响你的喇叭，这将迅速引起他的注意。

让我们归纳一下，当面对愤怒的驾驶人时，最佳的应对方式如下：

- 不要眼光接触。
- 不要大叫大嚷和高声回叫。
- 不要为面对愤怒的驾驶人而把车驶到路边。
- 行为文明、礼貌。
- 继续安全地驾驶。
- 不要回家。
- 驾驶到最近的公安局或派出所。
- 心情保持平静。
- 打电话报警。

以下建议有助于避免激怒其他驾驶人：

- 不要在其他车辆前近距离"加塞"。
- 不要在快车道缓慢行车。
- 不要尾随行车。
- 不要对其他驾驶人做手势。
- 在紧急情况下才按喇叭。

四、飙车族

近年来，一种危险的驾驶行为日渐流行。这种行为，在国外称为"Street Racing"（直译为"街道赛车"）；在国内业界，人们借用历史传说，汉代桓麟著《西王母传》中能御风而行的神车名字叫"飙车"。用飙车来称呼这种驾驶行为，对飙车的人统称"飙车族"。这种行为流行的部分原因，是在《速度与激情》系列电影中的推崇，而电影却没有显示飙车的真实黑暗面。这种行为的主要特征是：为寻求刺激，以竞技、娱乐或赌博为目的，在公共道路上超速行驶、反复并道、频繁穿插，严重影响公共交通安全。从防御型驾驶的观点看，飙车族是不折不扣的"麻烦制造者"。

作为防御型驾驶人，如何应对飙车族？

1）驾驶人有时发现自己处在一个受挑战、要求比赛的境况。比如，当你正以60千米/时的车速驾驶时，一辆汽车从后面以100~120千米/时的高速驶到你的旁边，紧急制动减速到60千米/时和你并行，透过车窗向你打手势示意，想要和你比赛。怕你不懂，他突然增速又减速，如此动作几次，诱你比赛。作为防御型驾驶人的你，该如何应对这一挑战呢？这时，你要转移目光和不理睬那个驾驶人的比赛要求，因为从街道赛车中得不到什么好处。即使赢了比赛，但让双方车辆中的每一个乘员蒙受危险，更不要说沿比赛车道还有无数的人和车辆都处在危险中。最佳的行动步骤，就是不接受诱惑，让煽动者离去。

2）你正行驶在路上，从后视镜中看到在你后面有两辆车正以很高的速度竞赛——飙车。作为防御型驾驶人，为保护自己你能做什么？它取决于那两辆竞赛的车距离你有多么远和它们的速度有多么快。如果距离尚远，在安全的前提下，尽量驶向右边，并准备好应对竞赛车辆中的一辆或两辆失去控制时的回避动作。

3）如果赛车在你后面距离你很近，不要惊慌和试图"跳"出那两辆车所在的车道，除非那两辆车失控。如果它们还没有失控，你继续以相同的速度驾驶和保持在相同的车道，让赛车绕过你前进。如果你突然移动到左或右或施加制动，飙车者可能不能足够快地对你的调整做出反应。

4）如果你看到有车辆飙车竞技时，自己有足够的空间可以闪开，那就把车驶到安全的路边，不要停在街道上。打开你的危险警告灯，以便其他驾驶人更容易看到你。

五、漫不经心的驾驶人

一般来说，与车流速度保持一致，跟随前面车辆的行车节奏行驶，这是合适的。但是，如果前车驾驶人没能把足够的注意力放在执行驾驶任务上，会显现出下列特征：

- 在车道上的位置不稳定。
- 摇摆前进。
- 无规则、多变的速度。
- 信号灯失明、破损严重的汽车。
- 排气冒大量黑烟。
- 驾驶人可能在打电话、抽烟、吃／喝东西等。

这些特征，反映出该驾驶人不是很负责任且很不安全。这时，你要尽快超车，超过他但不要刺激他，以防他做出不可预测的事情。

六、有可能带来危险的驾驶人

- 由于视线被建筑物、树木或其他车辆阻挡而看不见你的驾驶人。
- 从门前车道或停车位倒车并且车窗上有雪或冰挡住视线的驾驶人。
- 由于需要躲避车辆、行人、骑车人、障碍物或前方车道减少即将强行进入你所在的车道的驾驶人。
- 使用手机或与车上乘客谈话的驾驶人。
- 开车时照料儿童或查阅地图的驾驶人。

对这些可能给你带来危险的驾驶人，要保持高度警惕。

七、有可能带来危险的路人

对有可能给你带来危险的路人，要保持警惕，留出安全距离。他们是：

- 用雨伞遮住面部或帽子拉得很低以致盖住眼睛的行人。
- 注意力分散的人。例如：快递员；施工工人；儿童，他们经常不观察路况就冲入街道。
- 感到困惑的人。例如：在复杂的交叉路口张望的游客；找路的人。

小结

在驾驶过程中，正常情况下你一个人就可以完成一次出行计划。尽管如此，不要忘了和你共同使用道路的大有人在。他们中的大多数是和你一样遵纪守法的，但也有少数人可能是"麻烦制造者"，是不安全因素。本节对这类不安全因素概括为七个方面，分别介绍了各自的行为特点和应对办法，深刻了解他们就是"知彼"的第一要务。

一般而言，当你看到一个潜在的发展中的威胁时，在继续前行的同时要采取"预备—防御"步骤：

- 准备好你踩加速踏板的脚，在需要时就快速移动到制动踏板准备制动。
- 把你的手指"罩"在你的前照灯变光杆上，在需要时闪亮你的远光灯。
- 把你的手掌放在喇叭上，在需要时按响喇叭。

对一些不集中注意力于驾驶和看起来像是鲁莽行事的驾驶人，施加上述全部或某些步骤，这可能是必要的。

第三节 "知彼"——了解你的车

"彼"的第二方面是车辆。"车"是公路运输系统三大组成部分之一，也是不安全因素——"彼"的三个方面之一。制动系统问题、轮胎问题、发动机问题等，常常出现在交通事故原因的分析报告中，许多交通事故是由于车的缺陷而引发的。关于"车"，本书把它分为两部分叙述：一部分是你自己驾驶的车，是你可以和应该控制的；另一部分是你不能控制和你共用道路的车辆。前一部分是本节内容，后一部分在第十章专门讲述。

作为防御型驾驶人，对于自己的"车"，你知道多少？我相信，你对车辆结构、操纵装置的使用方法有一定的了解，甚至对汽车的动力性、经济性和稳定性等方面也知道一些。但在这里要谈的是车的安全性，即与预防交通事故和减少交通事故伤害程度有关的设备，这类设备随着科技进步一直在扩充发展。它们与自我防御息息相关。

你了解自己驾驶的车上有哪些安全设备吗？你知道如何正确地发挥它们的作用吗？

汽车的安全装备种类繁多，这里按事故发生的时间顺序归纳为三类：预防安全、碰撞安全和碰撞后安全。

一、预防安全装备

预防安全装备，包括预测和规避危险、防止事故发生的装备。

1. 保证制动机构有效工作的装备

（1）防抱死制动系统（Antilock Brake System，ABS） 它的作用，一是通过调节制动系统的压力，使车轮滑移率保持在20%左右，以便获得最大的纵向附着系数，提高制动效能；二是在制动中保持较大的侧向附着系数，防止汽车侧滑和失去转向能力。

如果没有ABS，在制动时，驾驶人本期望按直线方向减速停车，但有时会出现汽车自动向左或向右偏移的现象，即所谓的"制动跑偏"；或者，驾驶人鉴于和碰撞物体间的距离比制动停车距离短，为避免碰撞发生，本期望在紧急制动时同时转向，让车辆离开车道，但此时车轮抱死，不能转向，只能眼看着汽车笔直地朝物体撞上去。

在冰雪路面和湿滑路面的事故预防中，ABS显示出卓越的效能。

（2）ABS用制动助力系统（Brake-assist System for ABS，BS） BS的功用是在紧急制动时，若驾驶人不能用力踩下制动踏板，该系统会提供帮助。它能从踩踏速度和力量中感知驾驶人的紧急制动程度，从而增大制动力。

（3）追尾减轻制动系统（Collision Mitigation-brake System，CMS） CMS的功用是当雷达监测到有与前方车辆有碰撞危险时，警告驾驶人注意减速；若车辆避开追尾有困难时，使制动系统紧急制动，降低碰撞速度和追尾碰撞伤害程度。

（4）电子制动力分配装置（Electric Brakeforce Distribution，EBD） EBD的功用是根据汽车行驶状态，对前后轮的制动力进行相应的合理分配，提高汽车制动时的方向稳定性，减小后轮抱死发生侧滑的可能性，并尽量保持转向轮的转向能力。

2. 保证轮胎正常使用的装备

（1）胎压监测器（Tire Pressure Monitor，TPM） TPM的功用是提高操纵稳定性，主要是转向稳定性。因为轮胎的充气压力是影响其侧偏刚度的重要因素，通过合理选择轮胎的充气压力,使其有适度不足转向特性,汽车才有良好的转向操纵稳定性。

（2）牵引力控制系统（Traction Control System，TCS） TCS的功用是防止驱动轮丧失对道路表面的附着力而空转打滑。在冰雪地带及恶劣路面上行驶时，TCS显示出良好的效果。

（3）车辆稳定性控制系统（Vehicle Stability Control，VSC） VSC的功用是防止轮胎侧滑，一般和ABS、TCS共用电控单元，新加服务于本系统的传感器，例如转向轮角度传感器和汽车横摆率传感器。在车辆为避开障碍而进行紧急转向时、在不经意间驶入易滑路面时、在转向过度或不足时，VSC显示出良好的效果。要指出的是，该系统的英文名称，各公司不尽相同。例如：奥迪和大众用ESP（Electronic Stability Program），宝马用DSC（Dynamic Stability Control），福特用"Advance Trac"，沃尔沃用DTSC（Dynamic Traction Stability Control）。

3. 增强可视性的装备

（1）高位制动灯（High-mount Brake Lamps，HBL） HBL的功用是让其他驾驶人容易看见你正在制动。在预防追尾碰撞方面，HBL有显著的作用。

（2）自适应前照明系统（Adaptive Front-lighting System，AFS） AFS的功用是为不同的行车条件提供最优的前方照明组合，使得在城市交通中看得更宽，在公路行驶时看得更远。在预防夜间弯道和交叉路口事故中，AFS显示出良好的效果。

（3）夜视系统（Night Vision System，NVS） NVS的功用，是利用红外技术，将黑夜变得如同白昼，发现前照灯照射范围以外的潜在危险。在预防夜晚发生的各类碰撞事故中，NVS显示出良好的效果。

（4）倒车显示器（Back-up Monitoring）或后方障碍检测装置（Rear Obstacle Detection） 其功用是可较全面地看到后方事物，防止出现倒车碰撞、追尾碰撞。

（5）盲角监视器（Blind Corner Monitor） 其功用是在视野不良的交叉路口或丁字路口，帮助确认左右两侧的交通状况。安装在车前保险杠上的摄像头，可以把坐在驾驶位看不到的左右景物显示在车内监视器上，无需驶入交叉路口，即可确认左右两侧的交通状况，在预防迎面碰撞和侧面碰撞方面有良好的效果。

（6）侧后方监视器（Side Rear Monitor） 其功用是通过安装在后保险杠上的摄像头，确认驾驶人难以从后视镜中看到的死角及附近的交通情况。当侧面有车辆接近或超过时，用看/听得见的警告信号提醒驾驶人，帮助驾驶人安全变更车道。

（7）后方监视器（Rear Monitor） 其功用是通过汽车后部的摄像头，在车内导航系统显示屏上显示倒车时汽车后面的情况，帮助驾驶人平行停车或倒入车库。

（8）防水车窗（即纳米玻璃窗） 采用沉浸工艺，在玻璃表面涂覆一层纳米材料斥水分子膜，使水滴不能在玻璃表面附着、凝结，而且能承受刮水器往复运动时的机械力作用。防水车窗，在预防雨天及其他恶劣天气下的事故方面，显示出良好的效果。

4. 其他安全及报警装置

（1）车间距自动控制系统（Inter-vehicle Distance Control System） 它是在车辆已有的巡航控制（Cruise Control）装置上，增加自动保持车间距离的功能。它能在车间距过小的情况下，发出警报并自动减速，防止追尾事故发生。由于是通过雷达测量和前面车辆之间的距离，即使前车速度发生变化，在设定的车速范围内仍能保持与速度成比例的车间距。在有追尾危险的情况下，还可以自动启动制动系统。

（2）车间距监测装置（Inter-vehicle Distance Monitor） 它是用一种立体镜的光学系统，借用电视摄像机的多元性，通过映射出的图像监测车辆之间的距离，防止反应滞后，造成追尾事故。

（3）车道保持辅助系统（Lane Keep Assist System，LKAS） LKAS是通过安装在风窗玻璃后的摄像头，识别车道线，经信息处理转换后得到最适宜的转向转矩，保持车辆在车道中位。

（4）车道偏离报警系统（Lane Departure Warning System，LDWS） LDWS是通过内置于车内后视镜中的摄像头所测到的车道线信息和车辆的运动状况，判断车辆是否偏离车道，并通过"显示""声音""方向盘振动"等方式提醒驾驶人。

（5）驾驶人瞌睡报警系统（Drowsy Driver Detection System，DDDS） DDDS使用多普勒雷达和复合信号处理方法，获得有关驾驶人眼睛闭合的频率、持续时间等反映疲劳的信息，检测出驾驶人是否处于昏昏欲睡的状态，并以适当的方式报警。

（6）弯道进入速度检测系统（Curve Detection System，CDS） CDS即时警告驾驶人调整转弯速度，防止弯道事故。

二、碰撞安全设备

这一部分，是指万一发生碰撞时，保护乘员免受伤害或减轻伤害程度的装备。

1. 安全气囊

（1）驾驶位及副驾驶位的安全气囊，即辅助约束系统（Supplemental Restraint System，SRS）

当发生正面碰撞时，传感器感知到来自前方特定强度以上的撞击，SRS即开始工作，安全气囊瞬时膨胀，以此来减少方向盘和仪表板对乘员头部和胸部的冲击。驾驶人的安全气囊安装在方向盘内，副驾驶的安全气囊折叠在仪表板内，可在感知到撞击的0.2秒内快速完成从膨胀到收缩的过程。

近年来，为减轻安全气囊急速膨胀张开给乘员特别是坐在副驾驶位的乘员带来的不适甚至伤害，开始采用智能安全气囊。这种安全气囊系统，能检测到乘员是否系好安全带，其双充气机可根据碰撞强度分步或同步点火。在相对低速行驶且系好安全带情况下，分两步点火起动充气机；高速行驶时，救命要紧，双充气机同步点火，安全气囊急速膨胀，保护乘员不受方向盘和仪表板的撞击。

（2）侧安全气囊　当传感器感知到来自车辆侧面的特定强度以上的撞击时，安装在座椅后背内的安全气囊迅速打开。因侧面碰撞比正面碰撞吸收碰撞能量的空间小，安全气囊必须在更短的时间内打开。例如：在车速为50千米/时，受到来自侧面碰撞时，仅用0.02秒，安全气囊便可完全打开。

（3）窗帘式安全气囊　这种位于乘员和侧窗之间的安全气囊，是在发生侧面撞击时，为保护乘员头部和颈部免受侧窗玻璃碎片划伤而打开的安全气囊。安全气囊打开时的形状呈窗帘状，其面积完全覆盖侧窗玻璃，所以命名为窗帘式安全气囊。

2. 安全带

（1）成人安全带　是在车辆发生碰撞（特别是正面碰撞）和紧急制动时，为防止乘员的面部、胸部遭受方向盘、仪表板的撞击，而对乘员进行固定和保护的装置。安全带的原型，是20世纪50年代瑞典人尼尔斯（沃尔沃汽车公司职员）发明，60年代末开始普及流行至今。几十年来，人们总结实践中的经验教训，对安全带进行了一些改进，以提高安全带的可靠性和舒适性。

（2）未佩戴安全带警告灯　安全带已成为近代汽车上的标准配置，佩戴安全带已成为驾驶人及乘员必须遵守的交通法规之一。在仪表板上有未佩戴安全带警告灯，当点火开关钥匙转到"ON"位置时，如果驾驶人及副驾驶位的乘员未佩戴安全带，警告灯点亮，提醒他们佩戴好！孕妇使用安全带时，下腰带位置应尽量在腹部以下，肩部带则应当在两乳之间和凸起的腹部侧面。

（3）儿童约束系统（Child Restraint System，CRS）　一般的安全带，不适用于儿童，只适用于成年人，成年人也不能把婴幼儿抱在怀中共用安全带。所谓儿童约束系统，是指将儿童约束在特制的儿童座椅内，再用安全带将座椅和儿童约束固定在车内的特定位置。

3. 头部保护装置

当发生追尾碰撞时，车身及座椅推动乘员躯干加速向前，而乘员头部却因惯性而滞后，滞后持续到颈部被拉伸到极限，随后头又被加速甩向前方，发生二次碰撞。头颈损伤和脑震荡，这是追尾碰撞事故中最常见的伤害。

（1）可手动调节高度的头枕　在现代汽车上，前排座位上的头枕已成为标准配置。调整好头枕高度，使驾驶人及乘员头的后部正靠着头枕的中心位置。

（2）能减轻头部撞击力的头枕　在受到追尾碰撞时，头枕向前移动，从而减轻前排乘员颈部及上脊柱受伤的风险。动作原理是：当发生追尾碰撞，将乘员压向椅背的力量超过内置于椅背的弹簧反作用力时，推动动作板、联结机构，利用杠杆原理使头枕向前上方移动，提前支撑乘员头部。

（3）随座椅位置自动调节高度的头枕　通常身材较高的驾驶人和乘员，为获得腿部活动空间，在后调座椅时，头枕也自动调高。

4. 安全车厢

在碰撞时，最大限度地减小车厢变形，使车厢内乘员得到更好的保护。

（1）防撞压损区　车体的前后部位，设计成能吸收能量的结构。当碰撞发生时，尽可能多地吸收碰撞能量，同时把撞击力有效地分散到车体骨架的各个部位，使车厢变形最小，尽可能地保护乘员。

（2）侧门防撞钢梁　可增加车门强度，在侧面碰撞事故中确保乘员的安全生存空间。

（3）可压叠的转向柱　能吸收碰撞时的部分能量，减小方向盘给驾驶人的撞击力。

三、碰撞后安全设备

防止碰撞事故发生后伤亡扩大的设备如下：

1. 门锁自动解除系统

当碰撞传感器感知来自前、后、左、右的碰撞时，自动解除门锁，便于车内乘员快速逃离汽车，以及便于外部营救。

2. 翻车防漏阀门

防止翻车后油箱汽油漏出引起火灾，扩大事故伤害。

四、车辆失控

车辆是你手中的驯服工具，"想到哪里，就到哪里"（方向），"想什么时候到，就什么时候到"（速度）。但是，你的爱车也有"不驯服""不听话"的时候，那就是车辆处于失控状态的时候。

了解车辆失控的特征、原因和应对办法，是"知彼"的核心内容之一。

车辆失控的具体原因可能很多，这里着重谈两个方面的问题：车辆的速度和滑动。

1. 速度

（1）不要超越交通标志显示的限速

作为防御型驾驶人，应当服从公布的限速标志。在某些地方的道路上，人们被误导到相信，他们能在高速公路上以比公布的限制速度快 15~20 千米/时或更快的速度、在市区道路上比公布的限制速度快 5~10 千米/时的速度自由地驾驶。这样做，不仅危害那些服从和遵守限速标志的人，也使你随时有可能被警察发觉并叫停在路边。

当警察不打算叫某个驾驶人因驾驶超过限速 5~10 千米/时停在路边时，如果他想做，他是能做的。无论如何，当速度超过限制速度，大于5~10千米/时时，你被警察叫出停在路边的机会极大地增加；大于15~20千米/时，几乎可保证你要收到罚单；大于35~40千米/时时，你可能发现自己戴上了手铐。

统计表明，在1/3致死的交通事故中，速度都是起决定性作用的因素。当你超速时，极有可能卷入交通事故，还有可能导致受伤或死亡。

（2）速度过快的恶果

过高的行车速度可能有以下后果：

- 车辆失去控制。
- 燃料消耗增大。
- 威胁生命的伤害。
- 增加死亡的风险。
- 增大停车所要求的制动距离。
- 降低安全装备的效率。

（3）根据当时状况安全行车

交通法规要求驾驶人根据当时状况安全行车。交通标志上的限速是以理想的驾驶条件为依据，如果当时的状况不理想，行车速度绝不能超过能保证安全行车的速度。例如，即使你在限速为90千米/时的路段内，以70千米/时的车速行驶，如果有大雾，你仍然可能由于"根据当时状况车速太快"而收到罚单。

总之，无论交通标志上的限速是多少，你的车速应取决于下列因素：

- 路上车辆的数量及速度。
- 路面是否光滑、坎坷，有无沙石，潮湿或干燥，宽阔或狭窄。
- 路边有无骑车人或行人。
- 是否下雨、起雾、下雪、刮风，有无沙尘。

新闻媒体上，经常有多车连撞的报道。几年前，在美国亚拉巴马州Mobile市，一条名为Jubilee Parkway的干道上发生的200辆车连环碰撞，90人受伤，1人死亡的特大事故，给人们留下深刻印象。究其原因，大雾固然是祸首，但是如果人们按当时状况的安全速度行驶，许多车辆就不会互相猛力相撞，造成车毁人亡。

（4）速度太慢也违法

一些刚学会驾驶的新手，在高速公路或主干道上驾驶时，为了安全，把速度控制在交通标志限速以下很多。他们这种做法，虽然可以理解。但是，如果因行驶过慢阻碍了正常的交通流，迫使其他驾驶人为了躲开你，必须采取规避行动，换道、超车或被迫减速，结果也可能是你收到罚单。因此，如果你真是"新手"，就不要选择高速公路和交通拥挤的干道作为你驾驶的道路。

2. 车辆的滑动

你可能发现自己处在一个危险境地——你的汽车正在空转（自旋）或向左侧或向右侧滑动，这种情况在路面被冰、雪或积水覆盖，转弯太快时可能发生。当你碰到卵石或烂泥本能地猛拉方向盘，在你开始放松时，这种情况也可能发生。

如果你驾驶的车辆正开始滑动，你可能做的最坏的事是急踩制动踏板。惊慌和紧急制动将引起汽车继续滑动，并且可能使滑动更严重。你应该做的是：轻踩制动踏板—离开—轻踩—离开—轻踩—离开，即快速连续轻踩制动踏板数次，直到汽车开始减速或停车。

第二件你可能做的最坏的事是，在滑动时朝滑动的反方向猛拉方向盘。这可能听起来违反直觉，朝滑动的同方向转动方向盘是最好的行动方式。如果你正朝右滑动，转动方向盘朝右；同理，如果朝左滑动，方向盘朝左转动。

朝滑动方向转动方向盘的目的，是操纵汽车的滑动在某种意义上让汽车的侧面和滑动的方向垂直，这样允许汽车较快地自己修正自己，让车轮重新排列和重新获得牵引力，摆脱失控状态。

当道路湿滑或结冰时，汽车从完全停止开始移动时，丧失牵引力是很常见的。通过轻踩制动踏板和轻转方向盘，有助于防止这种情况的发生。

如果汽车后部开始朝右滑动，转动方向盘向右（顺时针方向）；如果汽车后部朝左滑动，转动方向盘向左（逆时针方向）。这个修正动作，防止汽车后端完全地沿旋转运动轨迹滑动，避免汽车和驾驶人陷入自旋，如图6所示。

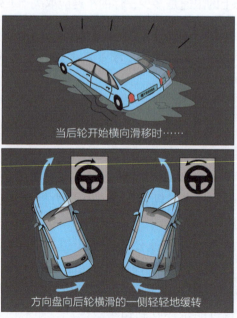

当后轮开始横向滑移时……

方向盘向后轮横滑的一侧轻轻地缓转

图 6

关于车辆出现滑动时的应对办法，将在第十一章第二节中详述。

第四节 "知彼"——了解道路

道路是公路运输系统三大组成部分之一，是车辆运输人和物从甲地到乙地的载体。道路问题也是引发交通事故的三要素之一，是"彼"，即不安全因素中重要组成部分。每一起交通事故，都是在特定的道路环境里发生的。什么样的道路环境易引发交通事故呢？归纳起来，有以下6种情况：

一、危险的弯道

在弯道上，车辆会承受很大的离心力，在路滑时尤为如此。速度越大，离心力越大。以过快的速度进入弯道，可能引起车辆的后端滑出道外，特别是在路滑的情况下。如果已在弯道，太剧烈的制动可能导致后轮锁死和车辆滑出。

因此，在进入弯道前制动减速是最好的。有些道路在弯道之前有限速标志，提醒你及时减速；在弯道前没有限速标志时，你必须自行判断弯曲度如何，并在必要时改变你的车速，确保以较慢的速度进入弯道。

二、没有中间分隔带的车道

在没有中间分隔带的道路上，反方向行驶中的车辆倾向于漂移越过双黄线进入你的车道，从而会有迎面碰撞的危险。如果道路是双向四车道，力求尽可能地保持在右侧车道行驶。只有在打算超车或左转弯时，才变更到左侧车道，但不在那里逗留。

如果道路是双向两车道，尽可能保持在车道右侧位置行驶。遇到迎面来车时，要特别提高警惕。

三、结构破坏的路段

天灾人祸会导致道路发生结构性破坏。例如，山体滑坡、道路塌陷、桥梁断裂等造成的公路结构性破坏，驾驶人来不及防范，会造成交通事故。

四、道路表面附着力低下的路段

由于种种原因，例如下雨后的泥泞路面、冰雪覆盖的道路表面等，导致道路表面的附着条件变差。轮胎和路面间的附着力（摩擦力）变小，不能满足汽车行驶所必需的附着条件，导致汽车打滑、失控，引发交通事故。

有些路段的局部地面容易打滑：

- 在寒冷的天气，树林或建筑物的阴影中可能有冰。这类地点，结冰最早，化冰最晚。

- 桥梁和立交桥比其他路面结冰较早，注意桥上可能有不易看见的结冰处。
- 热天下雨时，最初几分钟路面可能非常滑。因为，热气使得沥青中的油浮上表面，油在被冲走之前会使路面很滑。

五、无序的交通环境

在交通事故中，车辆撞行人、车辆撞车辆这一类事故占有很大比例。没有"各行其道"，是引发这类事故的主要原因，甚至是唯一原因。试想，如果行人不跨越护栏进入车行道，如果车辆不侵入人行道，能有车辆撞行人的事故发生吗？车辆之间发生的正面碰撞或侧面碰撞事故中，肇事的车辆一定是率先违反"各行其道"规则，进入他人车道的车辆。

但是，确有一些路段不可避免地要发生车道交叉或共用。例如，在平面交叉路口，不同方向行驶的车道在空间上不可能实行"各行其道"，只能从时间上控制，在某一时刻只能有一个方向的车辆通过。但"时间控制"本质上是人为控制：是人制定交通法规；是人设计、制造、安装、管理交通信号控制系统；是人执行交通法规，根据交通信号或先行权规则实行行车时间控制，保证"各行其道"。但人随时随地可能犯错误，一旦某个环节出现异常，或某个道路使用者因某种原因违反交通规则，就会导致交通事故的发生。更有甚者，一旦交叉路口呈现无序的交通环境，道路使用者人人争先恐后，其后果轻则交通受阻，重则车毁人亡。

六、交通标志和交通信号不完好的路段

在庞大的公路网络中，有交通标志和交通信号完备良好的路段，例如新通车的高速公路、大中城市的主干道等，也有完全没有交通标志和交通信号的乡村道路。而更多的道路，或者是交通标志、交通信号不完备，或者是路面年久失修、维护不到位，行驶在这样的路段是很危险的，特别是能见度不好的黄昏和拂晓、雨雾天气，更易发生事故。

# 第三章 居安思危

居安思危，这个成语的全句是"居安思危，思则有备，有备无患"，来源于《左传·襄公十一年》，是晋国大臣魏绛献给晋悼公的卫国之策。他说的是，处在安全的环境里，要想到危险和困难有可能出现；继而做好应对危险的准备；有了准备，灾祸就可能避免或被化解。

居安思危是防御型驾驶战略的核心。当你驾驶着爱车，以期望的速度平平安安地行驶在预先计划好的道路上时，不能麻痹大意，要想到危险无处不在，事故随时可能发生。危险在哪里？如何"思"？如何"备"？如何消除祸患并转危为安？这就是本章要探讨的问题。

把"居安思危，思则有备，备而无患"应用到防御型驾驶上，我们分三个步骤展开和实施这一战略：第一步，识别危险——"思危"；第二步，决定对策——"有备"；第三步，执行决定——"无患"。

三个步骤密切相关，首尾相连。决定执行后，化解了危险，但新的危险又识别出来。开始新的三步骤，化解新的危险，这样循环复始，乃至无穷。我们把由这三个步骤组成的过程，作为化解交通危险、保护驾驶人自己的工作方法，简称"三步法"，下面分别详述。

第一节 识别危险

危险在哪里？就在前一章所分析的种种不安全因素中。

汽车驾驶时的"思危"，当然不是关起门来冥思苦想，而是从复杂多变的动态的交通环境中识别危险。这一步骤包含两层内容：

- 一是看出已经或正在发生的危险的"苗头"或"线索"。
- 二是预测可能发生的危险及危险如何作用？危险会在何时何地以何种方式发生？

并非所有的危险都是容易识别的。因此，你必须仔细地搜索交通现场，搜索的对象正是人、车和道。因为，对你构成威胁的危险，也就是你防御的对象，大都潜藏其中。

一、人

1. 搜索交通现场是否有行人

骑车人或玩耍的儿童可能进入你将要行驶的车道。特别留心那些挡住你视线的物体，如路边停放的汽车、灌木丛及建筑物等。因为可能有人从它们的后面或间隙中出来，突然进入你的车道。

例1：假设你的行车路线是沿着某条街道笔直地行驶，逐渐逼近前方的一个交叉路口，交通信号灯是绿色的，并观察到有行人在交叉路口等待横过街道，如图7所示。

图 7

此时此刻，你识别出所有危险吗？不要以为行人都知道和遵守交通规则，也不要以为行人过路时都会两侧张望避让车辆。相反，要预防有人闯红灯，突然进入你的车道，无视你的存在，恰好挡在你的车辆前面。

例2：在人行横道上的行人被遮蔽，如图8所示。

笔直的公路上，中间有一条人行横道。当驾驶A车的你接近人行横道时，可能看起来像没有一个人在过路或任何人打算要过路。此刻，你要注意，在迎面方向的交通车流来到人行横道前有停车吗？如果停车，可能有人在人行横道上通过，而被你左边的交通车辆遮蔽，你没有看见他。因此，你只能以很慢的速度接近人行横道，直到你确认在隐蔽区域没有行人或已从你的左边走到了右边后才行动。因为在人行横道上，行人有先行权，他们可以在汽车前面快速走过而不受到警告。

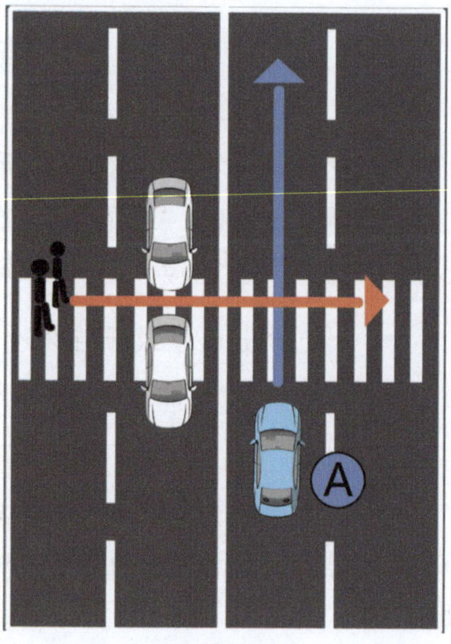

图 8

2. 要警惕有问题的驾驶人

在前一章第二节"知彼"中介绍过的那几类驾驶人，他们总是通过他们的驾驶行为给你提供线索，如开快车、在没有足够空间的情况下或在禁止超车区域超车、频繁变更车道等。

二、车辆

1. 停在街道两旁的车辆

有些城市街道两侧允许停车。不要以为这些驻停的车辆都是静止的物体，只要不去撞它，就不会有危险。相反，要留意这些停着的车辆的点滴征兆，避免可能出现的危险。图9~图18所示为可能出现的危险情况。

图 9

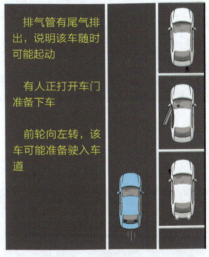

图 10

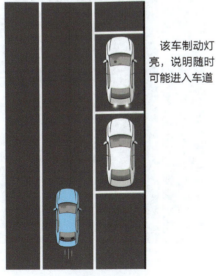

图 11

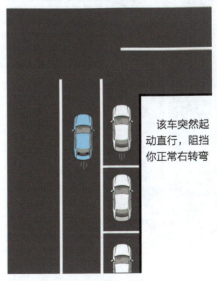

图 12

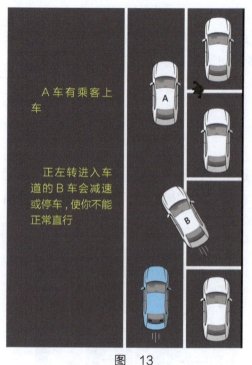

图 13

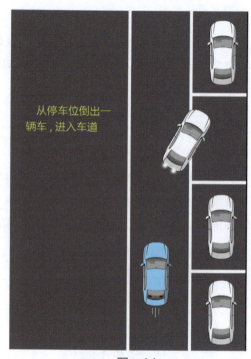

图 14

图 15

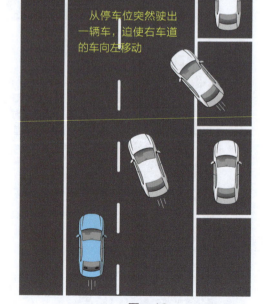

图 16

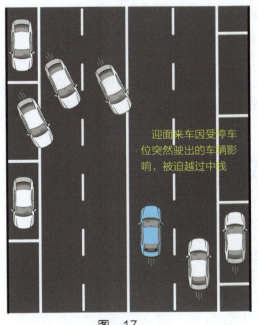
图 17

图 18

迎面来车因受停车位突然驶出的车辆影响，被迫越过中线

在交叉路口，直行车道的信号灯为绿色，但一辆车突然左转弯进入直行车道

2. 转弯的车辆

行驶途中，转变车辆行驶方向的动作是经常的。不论是小角度的转向的换道动作，还是90°转向的转弯动作，都因挑战"各行其道"原则而潜在着碰撞的危险。为了直观地说明，设定：标有 A 字母的车辆是你的车辆，其余是其他车辆；在车辆前面或侧面如有一根箭头线，表示车辆在沿箭头方向移动；没有箭头线的车辆，意味着处于停车或静止状态；箭头线交叉或箭头收敛集中，意味着冲突、碰撞。

例3：参看图19。

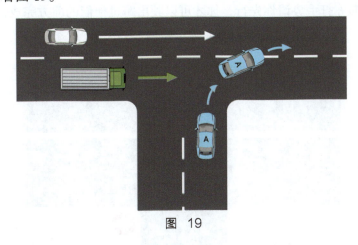
图 19

图19中，一辆运动着的大型车辆（货车或公共汽车）遮掩着另一辆车沿同一方向行驶。那一辆车恰好在大车左侧盲区，两车速度匹配，致使大车驾驶人看不到它。

你正驾驶着标有 A 字母的车到达丁字路口准备右转弯，你只能看到一辆大车行驶在最右侧慢速车道上正向路口逼近，它遮挡着的那一辆车你根本看不到。

在一般情况下，你右转弯进入的车道不会是大车行驶的慢车道，而是它左邻的车道。当你认为有足够的时间驶出进入那条道，而不会被大车追尾碰撞时，你会断然实施这一行动。可是，你进入的车道是另一辆车正行驶的车道，其后果是灾难性的。

例 4：左转弯冲突，参看图 20。

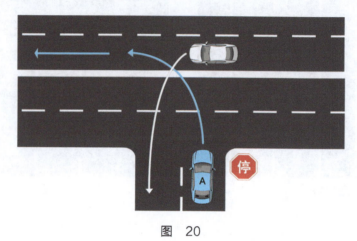

图　20

你可以看到自己所处的情况，那时你正试图左转弯进入双向四车道公路。突然，另一辆车从右边驶来，并打着左转向灯，企图抢先左转弯进入你正要离开的道路，碰撞就发生了。如图 20 所示，两条箭头线交叉。

很多时候，他们应是在你的前方右侧等待左转弯的机会，如同你等待左转弯一样。如果另一辆车早已经在公路上，他有左转弯优先权，你要让他先行；如果另一辆车上的驾驶人向你打手势请你先行，你才可以驶出跨过他们的前方完成你的左转弯。

某些时候，另一车辆在它的车道上定位靠前，如图 21 所示。

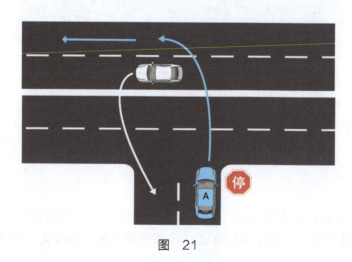

图　21

此时，你能在它的后面机动，在它的后面实施左转弯动作，减少和他们转弯时发生碰撞的机会。

当你在车道（包括多车道中的中央转弯车道）等待左转弯机会时，保持你的车轮方向指向前方。如果有人从车尾碰撞你的车辆，你不会被推进到迎面车流中，如图22所示。

例5：右转弯冲突。

当你到达一个交叉路口，要右转弯进入一条街道时，要让迎面驶来左转弯进入和你将要同方向的车辆先行，如图23所示。

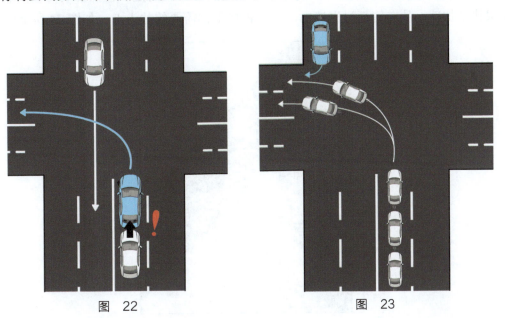

图 22　　　　　　　　　　　图 23

那些在交通信号灯指示下，左转弯的车辆有先行权。它们大多数会走近路进入左侧车道，这就可能"引诱"后续车辆前行夺去你将要进入的右车道，这是一个潜在的危险。你要识别该危险的存在，不要匆忙右转弯，要等待左转弯车辆全部进入它们的车道后，再实行你的右转弯。对人行横道上的行人，右转弯时仍然需要让行。

你到达一个交叉路口，要右转弯时，除了注意迎面方向外，你的左侧和右侧来的车辆也有可能进入和你同方向的车道，进而引起冲突。左侧来的车辆是在绿灯指引下前行，只有在确实没有车辆驶过时，你才能右转弯进入车道；鲁莽的驾驶人不仔细观察，匆忙右转，和行驶在同方向的车辆冲突。从右侧过来的车辆有可能在"允许掉头"的绿灯指引下，进入和你同方向的车道，潜藏着可能的冲突。

3. 并入干线公路的车辆

有些干线公路（美国称洲际公路，本书简称干道）和一般公路的连接是并合连接。车辆从一般公路进入干道，不是垂直转弯，而是并入。在并入过程中，也潜藏着危险。

（1）已经在干道上行驶的车辆不往别处挪动　在并入干道时，要密切注意已经行驶在干道上的车辆，它们可能进入或堵塞你的并入车道，占据你并入最需要的地方。当你并入时，发向左信号，察看你的左侧外后视镜并快速地跨过你的左肩扫视，看是否有未预料到的车辆形成碰撞威胁。如果已经在干道的驾驶人不挪到别处为你让路，应加速或减速，以建立一个并入点。

（2）焦躁的车辆夺去并入点　有些时候，在干道右车道行驶的车辆速度慢或是货车，驾驶人也没有考虑要并入的车辆。在他后面行驶的是一位焦躁的驾驶人，可能很快地加速，从左侧超过慢速的车辆，占住了你需要的并入点，如图24所示。

图　24

当行驶在干道上时，让进入的驾驶人并入你以前占有的右车道，自己挪动一个车道到左边车道，这是一种礼貌和安全的行为。

如果你已经在干道上的左车道行驶，正逼近一组刚并入右车道的车辆，避免急速地提速超过它们。一些刚并入的车辆不会想到左边车道上存在的其他车辆。如果你急速超前，可能容易打击或侧击刚并入的车辆，而它们并不是有意直接跨入左车道，只是没有来得及看。

三、道路

观察道路的特点和情况，尽早识别出前方的弯道、坡道或交叉路口，做好相应准备。观察道路宽度和路面情况变化，以及因道路情况变化导致其他道路使用者可能采取的行动。

道路情况发生的变化是很多的，常见的有：

1. 从多车道变成单车道（图25）

图 25 中右边那辆车原来行驶的车道终结，表明道路由双车道变成单车道，他在等待机会变更车道。如果他早发现，早变更到左边车道，就不必停车等待了。

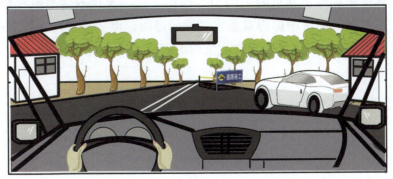

图　25

2. 车道宽度变化

由于积雪、积水或路肩缺失等原因，车道可用宽度变窄。稍有不慎，车轮运转异常，会出现意外。

3. 道路表面状况

冰雪覆盖的路面、潮湿或散布有砾石的路面都将减小车辆的牵引力，使车辆动力不足甚至失控。

4. 道路施工引起的车道改变

道路施工时，应仔细观察施工标志，按照施工标志和说明改道绕行，尤其是夜间，应减速通过。

5. 路边存在的危险

路边的售货摊、餐馆和商店的出入口等，这些地方减小了可以利用的车道宽度，随时可能有人出现，必须减速慢行。

6. 道路的交通控制系统

交通标志、交通信号及路面交通标记能指引或警告驾驶人，警惕即将来临的危险和路线变化。这些控制标志可能出现在不同的地方，驾驶人必须注意观察。识别得越早，操作越主动。特别要警惕那些交通标志不全或损坏的路面及交叉路口，必须减速缓行。

以上列举了识别危险的许多事例，每个事例中都包含有识别"苗头"和预测其发展两个因素。但客观世界是复杂多变的，再加上识别危险是在紧张的驾驶过程中进行和完成的，没有一定的识别能力，现场的危险可能看不出来，三步法的实施也无从谈起。驾驶人识别危险的能力，与他掌握驾驶知识的深度和广度以及驾驶经验的丰富程度成正比。

驾驶知识主要来源于驾驶人培训教材和交通法规的学习。驾驶的里程和时间越长，对驾驶知识的理解越深刻，运用越灵活。

经验也有助于提高识别危险的能力。例如：每一次在不同类型气象条件（雨、雪、雾等）下驾驶，都将增加应对恶劣气候的经验，也就是提高在不利的气象条件下识别危险的"苗头"和预测可能发生危险的能力。

第二节　决定对策

"思则有备"。识别危险后，要准备应对，这就是三步法中的第二步：决定对策。作为对策，通常有三个方面可供选择：改变速度、改变位置和给其他道路使用者传递信息。

一、改变速度

改变速度的任何决定都受驾驶人自己的车速和其他人的车速制约。加速或减速，应根据现场情况和可能的结果作出决定。

如图 26 所示，迎面一辆车正在驶近，而你的右前方有一骑车人和你同向行驶。此时，应识别出可能同时面临两个危险：左边和迎面来车的冲突，右边和骑车人的冲突。你决定改变速度，从时间和空间上把这两个危险分隔开，以便一次只处理一个危险。

图　26

从图 26 反映的现场看，迎面来车和骑车人相距很近，所以决定减速。让迎面来车和骑车人相会后，再和你的车相会，然后你加速超过骑车人。反之，如果骑车人和迎面来车相距较远，你应该加速，先超过骑车人，然后再和迎面来车相会。推而广之，凡是当面临多个危险时，防御型驾驶人都要通过改变速度把多个危险分隔开，以便在一个时间只处理一个冲突。

二、改变位置

为避免冲突，改变自己在车道上的位置，是常用的对策之一。在图 27 中，当迎面来车越过中线快要进入你的车道时，你的正确决定是改变位置——向右移动到路肩。

关键在于决定改变位置前，你必须确信自己能安全地做到。明智的防御型驾驶人，应在车辆四周总是保持有缓冲空间，以便在出现危急情况时有改变位置的可能性。

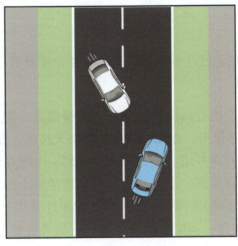

图 27

三、传递信息

与其他的道路使用者交流信息，有助于降低发生冲突的可能性。通过以下方式，让其他的道路使用者知道你在何处，以及你要做什么。

1. 灯光

（1）尾灯　当能见度很差，如黄昏或拂晓时，应将尾灯打开，告诉后面的驾驶人——前方有车！

（2）制动灯　告知后面的驾驶人，前车正在减速或要停车。

（3）转向灯　在任何时候，你想转弯、变更车道或驶近和驶离路沿，均要用它告诉其他道路使用者。因为，你要改变方向，暂时背离"各行其道"的原则。

（4）远光灯和近光灯　这些灯光，告诉迎面的道路使用者你正在逼近。在夜晚行驶时，若迎面来车驾驶人开着远光灯使你睁不开眼，你可以闪一下远光灯警告对方，提醒他关闭远光灯。

（5）危险警告灯（双闪）　打开它，让其他人知道你的车辆出了故障，或者你正在拖运超大尺寸货物，注意避让。

（6）倒车灯　当倒车时，这个信号灯自动点亮，它告诉其他道路使用者你正在倒车。如果发现倒车灯失灵或灯泡损坏，要及时维修。

2. 车的位置

通过移动车辆在车道的位置传递信息。向车道的右边线移动，表示你可能要右转弯；反之，向中心线移动，表示你可能要左转弯。

3. 喇叭

轻按喇叭，提醒其他道路使用者，信号灯变了或面临危险。只有在紧急情况下，才猛按喇叭。

4. 目光接触

目光接触使他人确信你已注意到他。当然，目光接触不是行车的安全保证。

5. 身体移动、手势

用身体移动或手势，也可以给其他驾驶人传递信息。例如：你侧身向左后方观察，表示你正计划左转弯掉头；在无交通标志的交叉路口，你应打手势让他人先行。

有时需要准备几种方式并用。例如，当你看到一个潜在的威胁正在来临时，继续行进和采取预备的防御步骤：准备好你放在加速踏板上的脚闪电般地重踩在制动踏板上（如果需要）；把你的手指"罩"在你的前照灯手柄上准备好闪烁前照灯（如果需要）；把你的手掌放置在喇叭上准备好按响（如果需要）。如果有人不集中注意和看起来不顾一切，上述所有或一些准备好的步骤，就有必要实施。

第三节　执行决定

三步法中的第三步：执行决定。避免冲突，保护自己，"有备无患"。实施这一步骤，涉及使用你的驾驶技能，为执行决定你常常使用一个或多个如下特定动作：

- 加速。
- 制动。
- 转向。
- 通信联络。

驾驶人也能做许多其他的动作。例如：打开除霜器和风窗玻璃刮水器；移动变速杆或选档杆；调节遮阳板；打开前照灯等。然而，为控制你的车辆和与其他道路使用者联络，你频繁做的重要动作是上述四项。

一、加速和加速踏板

有时，你将通过踩加速踏板加速来执行改变速度的决定，达到尽快离开其他驾驶人所在的车道或尽快绕过道路上的障碍物。有时，你实施的动作是保持你现在的速度；另一些时候，你也能通过从加速踏板上移开你的脚，降低速度来执行改变速度的决定。例如：当你看见前方交叉路口红灯亮，你可以立即把脚从加速踏板上移开，让车辆自动减速（发动机制动），等到达交叉路口时，可能红灯灭、绿灯亮，把脚移回加速踏板上，继续前行。

二、减速和制动踏板

当你作出决定要通过制动踏板改变速度时,你需要察看道路表面可得到的摩擦力情况。必需的制动力,依情况、速度、地面情况和你自己的制动器工况而变化。

避免在紧急制动时锁住制动器(又称"车轮抱死")。锁住的制动器使汽车不能转向,因前轮不转,得不到转向所需的作用力。突然制动时,要密切注意后面的车辆。

图 28 中,示出了一个驾驶人面对的情况:交叉路口有两名儿童正在跨过道路,但路面有残雪积水,驾驶人必须停车,避免撞伤儿童。当执行制动决定时,驾驶人必须稍微缓慢地制动,以防在湿滑的路面上摩擦力丧失,以及防止后面的车辆追尾碰撞。

图 28

三、转向和方向盘

当你决定改变位置避免冲突时,你要转动方向盘改变车辆行驶方向,但转向的量在执行时要恰当。太多的转向可能带来问题,特别是在高速行驶时。过度转向可能引起你对车辆失去控制。例如:你可能看见贴近你车的前方有一路面深洼。为避开深洼向左转向,如果转向过度,你可能进入迎面来车的车道。记住,在你汽车的周围保持缓冲空间十分重要,这样你将总有一个预先计划好的转向空间或停车空间。

四、通信联络

在某些情况下,你的动作仅仅是通信联络。然而,当你联络时必须足够早地进行,以便让其他驾驶人有时间作出反应,执行他的"三步法"。例如:在图 29 中停

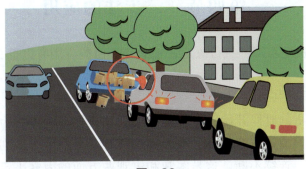

图 29

着的汽车驾驶人，不确信从后面逼近的汽车将及时停车避免碰撞，于是这位停着的驾驶人用手臂信号和制动灯联合动作做通信联络。

许多时候，执行决定要几个动作联合实施。有时，驾驶人可能需要制动和转向摆脱冲突；有时，可能需要通信联络、转向和加速。例如：在图30中，A车前方不远处，一辆车从停车位驶出，对面则驶来一辆大型货车，跟在后面的轿车正在超车，左前轮已压在中线上了。这时，A车驾驶人需要发信号（通信联络）、减速（制动）和向右移动（转向）。这些动作的精确度和及时性，决定能否避免冲突，转危为安。

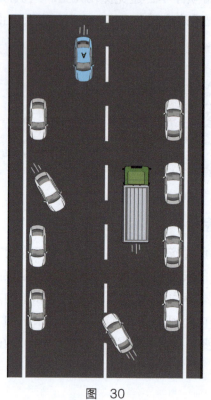

图 30

第四节　三步法的应用

识别危险—决定对策—执行决定，这个三步法的应用有以下3个特点：

一、应用的连续性

从起动发动机的时候开始，一直到关闭发动机把车辆停好为止，三步法的应用不能中断。三步完成是一个循环，一个循环化解一个危险，识别新的危险开始新的循环，如此反复，连续不断。这是客观和主观两方面的因素决定的。客观世界矛盾普遍存在，在本章开头就讲到交通事故的危险无处不在，无时不在，只要发动机还在运转，车辆的驻车制动还没有施加，就不能把三步法抛在一边。从主观上讲，只有通过持续地实践，反复地应用，才能使三步法成为完成驾驶任务的有效方法，并养成习惯。一些聪明的用心的驾驶人，即使以乘员身份坐在副驾驶位置，也会细心观察交通现场，应用三步法，识别危险，决定对策。虽然，自己不能执行决定，但可以比较和评价现场驾驶人的动作，实质上也锻炼、提高了自己。

二、应用的灵活性

交通现场情况瞬息万变。有时可能第三步"执行决定"还没有进行，情况就变化了。此时，只能灵活应用，放弃原来决定的对策。例如：你可能发现前面有一个骑车人，决定的对策是减速和向左移动（离他远一点），但就在此时，骑车人右转弯进入一条小街，离开了你的车道。这样，你就不必改变速度和位置了。

图 31

有时，可能在同一时刻面临多个危险，你就必须同时应用多个三步循环。以图31中的情景为例，驾驶人正决定变更车道避开行人，但前方不远还停着一辆汽车。驾驶人变更车道超过行人后，不能立即返回原车道，而是要超过前车后才返回右车道。

三、应用需要时间

三步法是一个有序的统一过程，实现这个过程需要时间。在为了保持你计划行驶的通道、远离冲突的过程中，识别危险需要时间，决定对策需要时间，执行决定也需要时间。交通情况越复杂，交通环境越陌生，需要的时间越长。而驾驶人的主观因素，如疲劳、慌乱、精力不集中和伤病等，也会延长应用三步法需要的时间。保持身体和精神的良好状态，全神贯注于驾驶，及早地发现危险的"苗头"，才能为实行三步法提供时间保证。

驾驶工作包含很多思维活动。学习和应用三步工作法，不仅能帮助你实现成为防御型驾驶人的目标，而且也有助于提高你的思维能力。

第四章 保持距离

据统计，在各类交通事故中，无论是事故次数、人员伤亡数，或是经济损失，碰撞交通事故占相应总数的 2/3 以上。碰撞发生的前提是"零距离"接触。因此，在任何时候、任何地方，力求使你的车辆和其他车辆、行人及物体之间，保持尽可能大的距离，这是防御型驾驶的又一战略。

第一节 开放区和封闭区

在你的四周，与可能的碰撞对象（车辆、行人、物体）保持距离，也就是在你的车辆四周保持一个良好的空间裕度，如图 32 所示。

有了这个空间裕度（缓冲空间），必要时你可以安全地制动减速或改变车辆位置，避免冲突。但是，图 32 所示的空间裕度仅仅是你的主观愿望。在客观上、现实中的情况，不妨用图 33 表述。

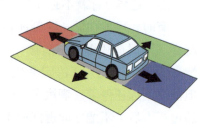

图 32

如图 33 所示，车辆四周的空间分成六个区：左前区、前区、右前区、左后区、后区和右后区。每个区域面积，是车道宽和延伸到驾驶人看得见的地方。开放区是你能不受阻碍地驶入的空间，封闭区是阻挡你驶入的空间。交通信号灯（红灯）是封闭你的前区的例子，右侧驻停的车辆表示你的右前区封闭，封闭了的后区可能是后面的车辆跟随太近。你的车辆四周这六个区中，哪一个对你开放，哪一个对你封闭，随时随地都在变化。你识别封闭区越早，越有多的时间对变化作出适当的控制和应对。

以图 34 为例，图中的驾驶人识别那辆汽车将要进入自己计划中的行驶车道，将需要应对前区被封闭的情况，于是减速达到开放前区的目的。

图 33

图 34

不难看出，前一章"居安思危"中，识别的种种危险的线索、"苗头"，形式上五花八门，但实质上都是引起开放区变成封闭区；决定的对策虽然各式各样，但根本目的还是控制、保持开放区。在你四周的六个区域中，只要有一个区域是开放区，在紧急情况下那里就是你的逃逸和避难空间。

第二节　前方的安全距离

前节所述的区域控制，是从三维空间的角度看保持距离，但实际驾驶操作是在二维地面上进行。空间裕度的"裕度"究竟要多少？安全区空间究竟如何保证？这是本节和后续几节要探讨的问题。

保持前区开放，是最基本也是最起码的行驶要求。而在大多数情况下，前区总是有车行驶。此时，要求前区开放，就是要求与前车之间保持一个安全距离。

经验证明，跟车行驶时，如跟随前面的车辆太近，特别是当前面是大型货车时，前车会挡住你的视线，看不到交通现场的全貌。交通事故中屡见不鲜的追尾碰撞，都是因为车辆跟随距离太近造成。一旦前面的车辆突然停车，后车即使紧急制动，但由于惯性的作用，车辆仍要前移，前面又没有足够的空间，碰撞自然就发生了。

和前车的距离越远，就越有时间应用三步法保护自己。但是，在现实的交通环境中有时不可能，因为你的车前面有很大的距离，自然地诱使你后面的车超车，插到你的前面。

作为防御型驾驶人，前方的安全距离究竟应保持多少？从理论上讲，前方的安全距离应大于停车距离。这就保证了当前车突然紧急制动时，后车随之制动，而不会与前车相撞。所以，我们从探讨以一定的速度行驶中的车辆的停车距离开始。

一、总的停车距离

从最初看到危险的时刻车辆所在的地点起，经识别危险、决定对策和执行决定三步，到车辆停住的地点止，两点之间的距离称为车辆总的停车距离。总的停车距离由三段组成，如图 35 所示。

图 35 中的 1、2、3 和 4 是四个时间点，每两点之间构成一段，现分述如下：

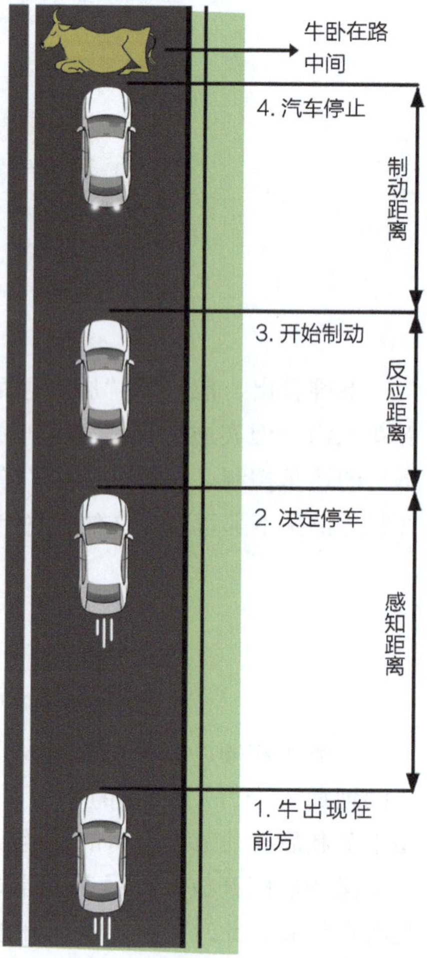

1. 感知时间和距离（1—2）

驾驶人应用三步法中的前两步（识别危险和决定对策）所消耗的时间长度，称为感知时间。在这段时间内，汽车行驶的距离，称为感知距离。驾驶人在图中的时间点 1，可能还没有看清或者不确信前方路中间卧着一头牛，经过一段时间才看清楚，才确信前区封闭，决定停车。感知时间和距离的长短，依当时当地的能见度、遇到问题的特性和驾驶人的身体状况及知识经验程度而有很大的不同。你不能一成不变地评估你的感知距离，因为你的感知能力是变化的。有时候，感知一个复杂的驾驶情况所花费的时间，可能比制动到停车的时间长。讲究看的技巧（详见第五章），有助于补偿较长的感知时间。

2. 反应时间和距离（2—3）

执行决定所消耗的时间，称为反应时间。在这段时间内，汽车行驶的距离，称为反应距离。执行"制动—停车"决定，驾驶人的反应时间平均是 0.75 秒。

3. 制动时间和距离（3—4）

从施加制动之时起到车辆完全停住时止，这段时间称为制动时间。在此期间，车辆移动的距离，称为制动距离。车辆的动能和车辆的制动距离是和车辆速度的 2 次方成比例，例如车速 80 千米/时时的制动距离大约是车速 40 千米/时时的制动距离的 4 倍长。车速越高，不仅制动距离越长，而且制动时车辆失控的风险越大。

影响制动距离的因素，除行车速度这个主要因素外，还有以下诸因素：

（1）车辆状况　轮胎、减振器或制动机构磨损严重的车辆，需要较长的距离才能停住车。

（2）道路表面　雨、雪、冰、污泥、湿的树叶和砂砾，能减小道路牵引力和增大制动距离。

（3）驾驶人能力　驾驶人精神涣散或健康状况不佳，将需要较长的距离才能停

图 35

住车。

（4）防抱死制动系统（ABS）　如果车辆配备有 ABS，能较好地控制制动距离。

（5）坡道　当下坡行驶时，制动距离将增加。

（6）负载　负载越重，制动距离越长。

二、停车距离

上述构成总的停车距离的三段中，由于第一段的不可预测，人们将二、三段合成，称为停车距离，作为评价车辆使用性能的一项参考指标。第二段反应时间平均值，取 0.75 秒；第三段制动时间，假定在干燥、平坦的混凝土路面上，在车辆状况良好（新车）的条件下，实施制动。据此，绘制出了在不同速度下的停车距离，如图 36，图 37 所示。

图 36 是使用公制的国家（中国、日本）驾校教材中发布的数据，图 37 是使用英制的美国驾校教材中发布的数据。

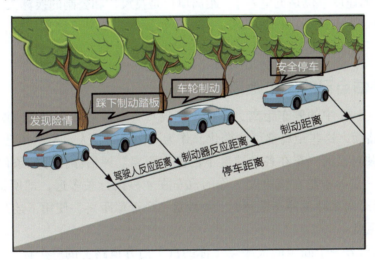

车速	驾驶人反应距离 + 制动器反应距离	制动距离	停车距离
20 千米/时	6　3		9 米
30 千米/时	8　6		14 米
40 千米/时	11　11		22 米
50 千米/时	14　18		32 米
60 千米/时	17　27		44 米
70 千米/时	19　39		58 米
80 千米/时	22　54		76 米
90 千米/时	25　68		93 米
100 千米/时	28　84		112 米

图 36

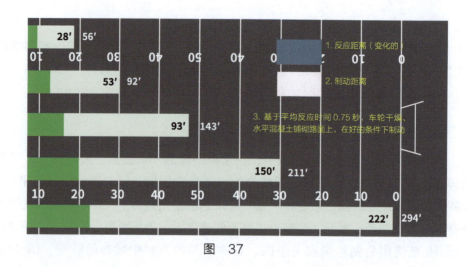

图 37

图 37 中的速度单位是英里/时，距离单位是英尺，和公制的换算关系是 1 英里 = 1.60931 千米，1 英尺 =0.304794 米。两表中数据有误差是可以理解的，因为都是由不同的人、不同的车在不同的环境中试验得到的数据。

三、评估自己的停车距离

图 36 或图 37 中的停车距离，对你来说仅具有参考意义。如果改换驾驶人、车辆或行驶的路面，这些距离都可能变化。作为防御型驾驶人，要"知己"，就要学会评估自己驾驶自己的汽车在各种速度下的停车距离。评估你在理想条件下的停车距离，方法之一是弄清楚在该速度下你的汽车在 4 秒内行驶多远，即所谓的"4 秒距离法"。当用时间来计量停车距离时，4 秒是一个近似距离。使用下述步骤，你能评估前方 4 秒距离：

1）选取前方一个固定的检测点（你的汽车前方道路上的一个标记或阴影），那里是你认为可能停车的地方。

2）对自己报 4 秒数："1001，1002，1003，1004"，默念或声念均可。

3）在 4 秒结束时，你的汽车要是恰好到达那个检测点，于是你能假定你最初所在的地点与检测点之间的距离将是你的停车距离。

一旦你能评估 4 秒距离，万一当你必须突然停车时，你应沿着你的车道查看一下在你的停车距离内可能会碰到什么。

四、前方的安全距离

知道了在一般正常情况下的停车距离和用"4 秒距离法"评估自己的停车距离后，进一步探讨如何保持前方的安全距离。原则上，前方的安全距离是大于或等于该速度下的停车距离，具体的实施方法有两种。

1. 以长度单位"米"计量和表示前方安全距离（表4）

表 4

速度 /（千米 / 时）	小于30	30—60	大于60
安全距离 / 米	大于5	大于（速度数−15）	大于速度数

举例：当速度=25千米/时时，前方安全距离大于5米；当速度=50千米/时时，前方安全距离大于50−15=35米；当速度=90千米/时时，前方安全距离大于90米。

实施时，要求驾驶人熟记这张表，然后参照高速公路路边设置的车距确认标志（如图38）控制与前方车辆间的安全距离。

采用此法的难点：如果你所行驶的公路旁没有车距确认标志，如何评估车间距离？

2. 以时间单位"秒"计量和表示前方安全距离

基于公式：速度 × 时间 = 距离（米/秒 × 秒 = 米）。用时间单位表示长度，不仅是可能的，而且是科学的。意含着前方安全距离与当时的车辆速度成比例，速度越大，前方的安全距离越大。美国各州交通主管部门制定的驾驶手册中，要求驾驶人遵守"3秒规则"，即在一般情况下，驾驶人应有3秒的尾随距离。具体的做法是：当前方车辆通过某一位置（如路边物体、交通标志、建筑物阴影等）时，选取该位置作为参照点，开始数"1001"、"1002"、"1003"，这个时间大约是3秒。如果在数完之前，你的车已经超过该参照点，说明你尾随过紧，前方安全距离不够长，应调低车速、增大尾随距离。

推行B法的好处，就是驾驶人不必记熟A法中的速度−距离表；高速公路旁不需建"车距确认"标志，像美国的高速公路那样。推行B法的难点，就是要学会使用"3秒规则"。

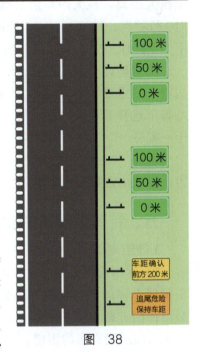

图 38

3. 两种方法的比较

将3秒规则的时间单位换算成长度单位，比较两种方法给定的安全距离，见表5。

表 5

车速 /（千米 / 时）	20	30	40	50	60	70	80	90	100	110	120
A法距离 / 米	5	5~15	25	35	45~60	70	80	90	100	110	120
B法距离 / 米	17	25	34	42	50	58	67	75	83	92	100

从比较可以看出：在高速（大于60千米/时），B法距离小于A法；在中速（30~60千米/时），B法距离大于A法；在低速（30千米/时以下），B法比A法大很多。

前方安全距离固然越大越安全，但在实际的驾驶中，若前方的距离太大，会诱使后面的车辆超车，插入前方的空隙内。此时，为保持前方的安全距离，不得不减速拉大距离，拉大距离后又被超车。如此反复，显然不利。在高速（大于60千米/时）行驶时，按B法的"3秒规则"保持与前车的距离；在中、低速（60千米/时以下）行驶时，按A法保持与前车的距离是适宜的。

随着高速公路网的扩大，在高速公路上行驶的机会越来越多，熟练使用"3秒规则"的重要性不言而喻。"3秒规则"的关键技术有二：一是用口念数字计时，二是善于选择参照点。平时可对照钟表练习念数字的节奏，力求在3秒内念完"——千—零——一""——千—零—二""——千—零—三"。

掌握"3秒规则"使用方法后，通过多次实践，就会养成一种视觉习惯和认知能力，能从前方视野中车辆的大小、形状和特征，立即判断出是否是3秒安全距离。

五、特殊情况下的安全距离

3秒距离是在一般情况下适用，在下列情况要留出4秒或更长的距离：

1）你车后有人尾追（跟随得太近）行车，如果你突然制动，就会导致后方尾随车辆撞上你的车，并推动你的车撞上前车的尾部。因此，在有尾追行车的情况下，必须在前方留出更长的距离。这样，在必要时可逐步减速，而不突然制动，避免使你陷入前后受夹击的困境。

2）在道路较滑（如路面有水、雪、冰或被污染）的情况下行驶，要有较长的安全距离，因为这种路况需要更长的距离才能使车停住。

3）在潮湿或结冰路面、金属路面（如桥梁、铁道等）或砂石路面跟随摩托车行驶时，摩托车在这些路面容易滑倒，为了避免撞上滑倒后的骑车人，应保持更长的安全距离。

4）当后车要超车时，应减速增大与前车之间的距离，让超车者有足够的空间汇入车流。

5）当你挂有拖车或载运重物时，额外重量会使制动更困难。

6）当跟随大型车辆时，大型车辆会阻挡你的视线，应加大距离使你能够看到车辆周围。

7）下坡时，车速会越来越快，应与前车保持较长的安全距离或适时制动降速。

第三节　两侧的安全距离

保持两侧的安全距离，要注意以下4个问题：

一、逃生通道

在多车道公路上行驶，保持两侧的安全距离，意味着你车四周的 6 个区域都是开放区，如图 39 中的黄车。

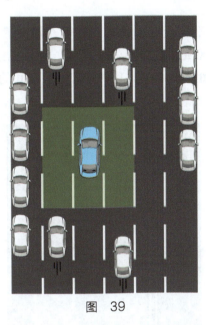

图 39

这样你就给自己留出了逃生通道。一旦发生前有车辆挡路，后有车辆冲来的险情，你就能从左前区或右前区逃生，保护自己。

二、盲区

驾驶人在驾驶时，一般是从内、外后视镜观察车的侧面和后面的景象。但是，后视镜不能覆盖所有侧面和后面的区域。不能从后视镜看到的区域，就是驾驶人的盲区，如图 40 所示。

记住盲区的存在，在搜索四周区域是否开放时，不能完全根据后视镜的观察结果，还要转头过肩透过车窗观察有无摩托车、汽车处在盲区。

记住盲区的存在，不要在其他驾驶人的盲区内行驶。因为，他可能看不到你的车辆，从而在变更车道时与你相撞。

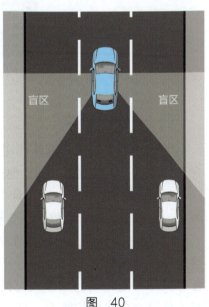

图 40

三、车辆群

在多车道公路上行驶时，保持四周 6 个区域呈开放状态（图 39），是很难做到的，特别是在交通拥堵的路段。更多的是，若干车辆相距很近，成群结队地行驶。虽然这个车辆群中的车辆，一时间方向相同、车速大致相等，但它们毕竟是自发形成的，不是一个有统一指挥、共同目的、默契配合的团队，一辆车出问题常常波及一大片。

作为防御型驾驶人，不要让自己的车和其他车辆并肩驾驶、陷入车辆群中，特别不要陷入群中央、6个区域都被封闭的境况中。如果已经陷入其中，可暂时减速，脱离车群，保持至少2秒距离。如图41中央车道上中间的那辆车，最终在前后两个车辆群之间"孤独"地行驶。

图 41

四、"敬而远之"

当不得不和其他的道路使用者或路边物体接近时，就要按成语"敬而远之"的含义处理——尊敬他而又不让他来接近，尽可能离得远远的。

1）在城市驾驶时，在可能的情况下（如多条车道）尽量不要在右边车道行驶。因为，右边车道常常有停驻的车辆，有装卸货物的货车，还可能有公共汽车停靠。

2）当必须和路边停放的车辆、骑车人及行人共用同一车道时，必须格外小心：路边停放的车辆的车门可能打开走出人来，或者车辆起动驶离停车位，要有思想准备并保持一定距离；骑车人可能摔倒，如果没有足够距离，你可能会伤害骑车人；行人最没有自我保护能力，是最容易受到伤害的道路使用者，绝不要靠近行人驾驶或和行人抢道。

3）会车时，与迎面驶来的车辆之间保持尽可能大的距离。

第四节 后方的安全距离

许多驾驶人，都认为后方的安全距离是自己无法控制的，左后区、后区、右后区保持开放也是不可能的。这种看法，不无道理，如图42所示。

你保持和前面的 A 车有 3 秒距离，但后面的 B 车紧紧地尾随着，后方没有安全距离，后区是封闭区。这种情况的出现，是你不愿看到的，却不依你的意志而转移。

这种境况是很危险的。试想，若 A 车遇紧急情况，急踩制动踏板，减速停车，你也紧急制动。由于有 3 秒距离，你本不会和 A 车追尾碰撞，但 B 车从后面撞击你的车尾，甚至推动你的车向前撞击 A 车，导致你车首车尾都受撞击。

因此，在行驶时，要频繁地察看后视镜有无紧随的车辆。一旦后视镜中出现图43所示的景象，表明有紧随车辆，应高度警惕，尽快摆脱困境。可采取以下措施：

1）如果可能，稍微加速，拉大与后面尾随车辆的距离。

2）发出信号，警告后面的尾随者。例如轻踩制动踏板，重复几次，让尾随者认为你正在制动。

3）如果可能，变更车道。

4）逐渐地减速到足够低，车位置稍右移，提示尾随者可超车。

图 42

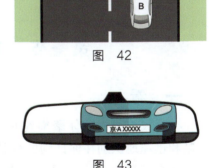

图 43

如上述措施都无效或不能实施，则力求做到以下4点：

1）向右移动你的车辆，让尾随者能直接看到你前面车辆的制动灯光。

2）保持前方距离大于 3 秒安全距离。

3）在减速前，要轻踩制动踏板几次，警告尾随者，你即将减速制动。制动动作要缓和，让尾随者有足够的反应时间。

4）做好"逃脱"准备：控制好开放区，保证有驶离原车道的可行通道。一旦尾随者追尾碰撞，将方向盘向左或右偏转，驶入左前或右前开放区，脱离冲突险境。

第五章 用眼驾驶

初看本章的题目，你也许觉得别扭。因为，人们常说的是"用手驾驶"或"用心驾驶"等，为何本章的题目是"用眼驾驶"？

首先，驾驶时，必须对周围的环境和事物有充分的认识，它是实施"知己知彼""居安思危""保持距离"诸战略的基础。而对环境和事物信息的接收，几乎全是通过视觉器官——眼睛来实现的。在驾驶中，驾驶人的听觉、嗅觉、平衡感觉等虽然也发挥作用，但比起视觉来，都处于次要地位。

其次，在驾驶过程中"如何看"是一个影响全局的大问题，不要以为只要自己眼睛健康、视力测试达标，"看"的问题就不存在！视力合格，只说明你能看，不等于你会看。把"用眼驾驶"列为防御型驾驶战略之一，恰好说明学习和掌握并最终养成良好的视觉习惯，对于有心成为一个防御型驾驶人的人来说是多么重要。

这一章包括两部分内容：一是关于"看"的一些基本知识，二是如何"用眼驾驶"。

第一节 关于"看"的一些知识

一、看

在驾驶过程中，你聚集到的信息，90%以上是通过你的眼睛收到的。你必须能清晰和迅速地识别在你计划的行驶通道上的封闭区。

处在快速运动中的眼球，平均每秒停3到5次。这个"停"，被称为"定影"，只有在这些定影时刻你才能看。

你的大脑指挥你的眼睛聚焦到你行驶通道中或通道周围的事物上，也就是在这些事件和物体上固定一瞬间，定影在视网膜上。视觉信息被反馈到大脑，与存储的信息相结合。因此，你能识别危险——区域可能封闭，接着决定对策、执行决定。

二、视力的场

当你笔直向前看的时候，你能看见周围的所有地区就是视力的场，简称视场，如图44所示。

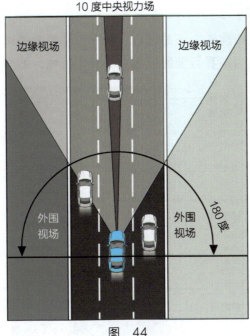

图 44

坐在图 44 中蓝车驾驶人位置，大多数人能看每一侧大约 90 度，或者说能看一个半圆。但是，只有在如图 44 所示的你的中央视力的区域，你才能看得清楚。你的视场中，这个笔直向前部分是一个小的圆心角为 10 度的锥形区域，即中央视力场。在驾驶时，指挥你的中央视力到你的目标地和 12~15 秒区域（参看图 45），以识别可能的区域变化。

围绕中央视力的是外围视力。离中央视力越远，看得越不清晰。外围视力中，最接近中央视力部分，称为边缘视力。边缘视力的两侧部分被用来监测区域情况，上部边缘视力被用来察看后视镜中的变化，下部边缘视力被用来察看车辆位置参考点。如果在边缘视力场中出现了可能的危险"苗头"，你的大脑会指挥中央视力朝向危险"苗头"，达到识别危险的目的。

有些人的视场较窄，不是 180 度，而是 140 度或更小，被称为管状视力。具有管状视力的驾驶人，要用更频繁的头部转动来弥补这一缺陷。

第二节　如何用眼驾驶

在前文中，已经回答了看（搜索）的时间、地点和内容（危险线索）方面的问题。本章将探讨"如何看"，也就是如何"用眼驾驶"的问题。

归纳起来，就是三个字——远、全、活。

一、看得要"远"

驾驶时，不论是直线前进，还是转弯、倒车，都要看得远。

直线前进时，你应当察看行驶通道前方的三个区域，如图 45 所示。

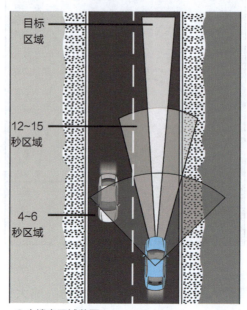

3 个搜索区域范围

图 45

第一个要察看的区域是目标区域，它是从你的车到目标之间的空间。察看这个区域，是为了尽早发现可能影响你计划的行驶通道的任何情况。

第二个要察看的区域是 12~15 秒区域，它是你下个 12~15 秒时间将要行驶的空间。察看这个区域，是为了识别你计划的行驶通道可能的变化，并决定控制行驶通道的对策。通过搜查可能从两侧进入该区域的任何东西，力求看出区域被封闭的可能性。

第三个要察看的区域是 4~6 秒区域，它是你下个 4~6 秒将要占有的空间。察看这个区域，是为了得到最终、最新的资料，控制你的计划的行驶通道。

在市区交通环境，若以 30 千米/时的车速行驶，12~15 秒的行驶距离是 100~125 米，即 110 米左右；4~6 秒的行驶距离是 33~50 米，即 40 米左右。

在交通信号灯较密的地区，应看到前方交叉路口的信号灯变化。若在公路上以 90 千米/时的车速行驶，12~15 秒的行驶距离是 300~375 米，即 340 米左右；4~6 秒的距离是 100~150 米，即 120 米左右。

若在交叉路口转弯或通过弯道时，视线要超过弯道，看到转弯后要通过的地方。倒车时，不能只看车后很近的地方。

看得远，意味着向高处瞄准。瞄准的目标高，才会看得远，才能早发现危险线索，识别危险。

俗话说："人无远虑，必有近忧。"对驾驶工作来说，更是如此。如果目光不是平视远方，而是只看自己车的前端或车前的路面，除了因未能及早识别以致当危险出现在面前时没有应对的时间和空间外，还会出现以下问题：

- 车速会不自觉的越来越快。
- 偏离车道中心线，仍未察觉。
- 转向过度。
- 右转弯时，转弯半径太大。
- 当能见度不好时，也不降低速度。

二、看得要"全"

看得要"全"有两层意思：一是全方位，即俗话说的"眼观六路"，驾驶时不仅前、后、左、右、上、下六个方位要看，而且要看近和看远；二是看清和把握交通现场的全景、全貌。

1. 向前看

在"看得要远"中，详细叙说了向前看由近及远的三个区域。针对一些新驾驶人习惯于盯着紧靠车前的路面，强调看得要远，但并不意味着近处不看。向前看，既包括近、远全要看，也包括不仅看路的中央，还要看路的两侧。特别注意搜索：

1）前方某处，可能有进入你所在车道的车辆、行人，甚至动物或滚到车道内的球。

2）交通警告标志、指路标志和路面标记。

2. 向左、右看

当到达可能有人穿越或进入你所在车道的地方，或者有车流并入的地方，要注意观察左、右两侧动向。先向左看，因左面来车离你更近；再向右看；再次向左看，以防在你第一次向左看之后出现人和车辆。

（1）特定地方

1）交叉路口，包括十字路口和丁字路口；干道和高速公路入口；购物中心入口等。

2）人行横道区域，它们通常以白线标出。

3）公路和铁路交叉路口是很危险的路口。因为，汽车跨越铁轨时，发动机有突然熄火或无法起动的可能性。万一这样的事故发生，汽车停在铁轨上，火车又逼近，后果不堪设想。

4）儿童游乐场所、学校操场和施工工地等。

（2）在多车道公路行驶时

要经常左右看，留心两侧车道上其他车辆的位置和发出的信号，特别注意以下事项：

1）切勿在其他驾驶人的盲区行驶，因为他可能看不到你的车辆，从而在变更车道时与你相撞。

2）避免与其他车辆并排行驶。

3）如有可能，即使在你享有先行权的情况下，也为并入干道和高速公路的车辆留出空间。

4）在高速公路出口处，切勿与其他车辆并行，因为其他驾驶人可能突然决定从出口驶离公路或进入出口后返回高速公路。

（3）在街道行驶时

1）使你的车辆与路边停止的车辆之间保持距离。有人可能从停止的车辆中下车；车门可能突然打开；停止的车辆可能突然驶入车道。

2）在骑车人附近，务必小心驾驶。在你的车辆和骑车人之间应留出足够的空间，万一骑车人摔倒，你的车不会伤害到他。

3. 向后看

要经常观察后面的交通情况，留心以下问题：

1）后面的车辆是否跟随太紧？如果有人尾追行车（后面的驾驶人跟随很近），请当心！在停车前缓慢制动：轻踩制动踏板数次，警告尾追行车者你在减速。尽快"甩掉"尾追行车者，你可以变更车道或减慢车速，让尾追行车者超车。如果上述方法无效，你可以在安全时驶离路面，让尾追行车者先行。

2）当你要变更车道时，确保没有妨碍你变更进入车道内的车辆。

3）当你准备转入横向道路或门前的车道时，以及进入停车位之前，务必察看后面。

4）在又长又陡的坡道下行时，后面有无大型车辆跟随？大型车辆下坡时会产生很大的加速度，有失控的危险，紧跟在后面是严重威胁。

5）倒车时向后看：在上车前察看车后方；倒车时，不仅看后视镜，还要从右侧回头看；开始倒车前，还要从左侧回头看。毕竟倒车时看车辆后方比较困难，应缓慢倒车，以防发生事故。

4. 向上、下看

上看各种交通标志。经过桥洞、隧道和进入建筑物时，上看限高标志，下看路面标记、路面缺陷，如凹坑、集水、障碍物等。在繁忙的交叉路口，当迎面来车正在逼近时，沿地面察看迎面来车的前轮方向，可判定该车驶向何方。

5. 看到全景

看到全景是一个思维过程，即把全方位看到的重要线索和驾驶人的知识、经验相结合，进行判断和推理，看到交通现场的全景：摆在你面前的有哪些矛盾（危险)？哪一个是主要矛盾？哪些是次要矛盾？为了保持车辆四周区域不被封闭，为了控制安全的行驶通道，决定必须采取的对策。

三、看得要"活"

有些工作，要求劳动者目不转睛地盯住目标。但是，防御型驾驶不要求驾驶人这样，而是相反——看得要活。看得要活有3层意思，分述如下：

1. 建立有序的视觉搜索模式

前面两节，讲了要前、后、左、右、上、下、近和远多方位地看，要做到这些就要保持眼球运动。但是，眼球运动也不能随机乱动，否则还是会遗漏一些关键的危险线索。因此，作为防御型驾驶人，要建立适合自己的有序的视觉搜索模式，就是按一定的顺序循环往复地观察搜索，不遗漏该看的地方。举例如下：

1）注视前方你的目标区域。

2）评估你的12~15秒区域内的左前区、前区和右前区，对比你的行驶通道因私人车道和交叉路口可能发生的变化。

3）扫视后视镜，察看你的后区。

4）评估你的4~6秒区域，在进入该空间之前。

5）看完前方，再评估另一个12~15秒区域。

6）察看你的4~6秒区域。

7）扫视后视镜。

8）查看速度表和量计。

重复1）………

当车辆向前行驶时，应继续重复1）~8）这个模式。

除了在你驾驶时使用有序视觉搜索模式外，当你作为乘员在行驶过程中也要练习使用这种搜索模式，这样持续的实践应成为你的行为习惯。这样，你将能因应不同的驾驶环境，调整你的视觉搜索模式。

2. 掌握一种扫描艺术

连续、快速地看或扫视，但不能目不转睛地盯着或凝视。凝视会阻碍侧视觉，引起注意短缺，时间久了会养成高危险的驾驶习惯。

在扫视一个物体或一件事时，为了识别它，必须把眼光固定在那个物体或事件上一瞬间——"定影"。但是，固定时间又不能比一瞬间更长。这是扫描艺术的第一要义。

扫描艺术的第二要义，是发展一种选择性看的技巧。当你行驶在大街、高速公路上时，刺激你视觉的客观事物很多，你不能也不应该件件都看，只能有选择地看。选择的标准，就是那些会使开放区变封闭、会影响计划中的行驶通道的事物，即在前几章中具体介绍过的种种不安全因素。周围的美景和热闹的市区，只有在保证安全的前提下，才能看一眼。

在驶近繁忙的交叉路口时，迎面和两侧各式各样的车辆，形形色色，五花八门。这个时候，要养成看地面的习惯——看车辆的前轮指向，以确定它的前行方向。

3. 去伪存真

视觉和听觉、嗅觉等感觉一样，是客观事物在人脑中的反映。但是，同样的客观现实，对于不同的人，可能有不同的反映；同样的客观现实，对于处在不同状态下的同一个人，反映也可能存在很大的差异。因此，当谈到"用眼驾驶"时，必须保证眼睛看到的景象不是假象。

在这里，我们要谈的是在驾驶人身体状况正常的条件下，其视觉也可能会出现失真的两个问题：

车速为 30 千米/时

（1）车辆速度对视觉的影响　当你的车辆速度增加时，你对精确视力的需要也在增加。速度越快，（清晰地）看的时间越短，你的视场会变窄。例如：在 90 千米/时时，可见事物的侧边缘视力面积比 30 千米/时时的侧边缘视力面积的一半还小，如图 46 所示。

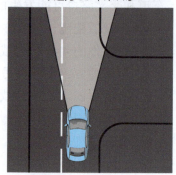

车速为 90 千米/时

图　46

在高速行驶时，侧边缘视力场外的事物就看不到了，似乎两侧不再有潜在的危险。防御型驾驶人必须有清醒的头脑，看不见两侧危险不等于事实上没有危险。补救的办法，就是增加向两侧看的次数。

（2）车辆速度对物体形象的影响　当速度增加时，侧面物体的形象变得模糊会产生扭曲变形。这种模糊叫作"速度涂抹"，就像在物体外表涂抹了一层涂料。当你高速驾驶时，看侧面汽车的视觉，如图 47 所示。

图　47

 # 第六章 交叉路口

交叉路口的碰撞机会，要比公路上的任何其他地点多得多。交叉路口是比较危险的地点，因为往多个方向行驶的车辆都要通过这里，在这里交汇。据统计，碰撞事故的40%和致命碰撞事故的25%发生在交叉路口。交叉路口碰撞事故频发的原因之一，就是驾驶人不善于识别安全的行驶通道。为了识别安全的行驶通道，首先需要及早地发现交叉路口。

第一节 搜索交叉路口

一、发现交叉路口

在驾驶途中，随时注意和寻找下面这些线索：

- 街道标志和街道灯光。
- 道路标记。
- 横越的交通。
- 横街上停驻的车辆。
- 转弯的交通。
- 栅栏和邮箱的排列。
- 停车交通标志牌。
- 交通标线走向。

从这些线索中，及早发现交叉路口（图48），交叉路口有多种设计样式。大多数是简单的两条道路交叉，呈现"+"或"×"样式，其他的有Y形、T形和环形以及不同形式的立体交叉路口——"立交桥"。

驾驶人需要知道如何识别和安全通过各种形式的交叉路口。

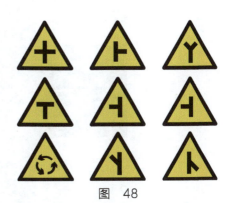

图 48

二、接近交叉路口

在发现前方有交叉路口后，在接近交叉路口途中，你将需要判定：你计划进入

和通过交叉路口的行驶通道是不是开放区域。你需要搜索左前区、前区和右前区以及视线限制。所谓"视线限制"，就是限制（阻挡）驾驶人的视线向前延伸，如图49中的示例。

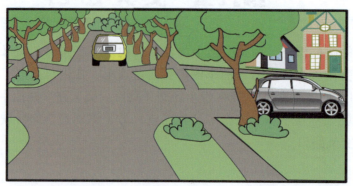

图 49

图49是处在交叉路口附近的驾驶人眼中的景象：右前方路边停着的汽车和横街右侧停着的汽车，就是限制视线的物体。要记住，视线限制可能由环境或者其他的道路使用者引起。当你的视线受限制时，你的区域检查应当变得更频繁，因为在那些限制视线物体背后可能藏有使你的前区封闭的因素。

一旦驶近到交叉路口4~6秒距离内，你的搜索范围不仅是计划中的行驶通道，还应宽到包括行驶通道左边和右边。当两侧有车辆挡住视线时，极力地超过阻挡。如图50所示，视线限制来自右边停着的轿车，前移超过阻挡后，转动你的头45度向右或向左。

如果前区是开放的，你可以继续前行；如果不开放，你将需要准备停车或改变车道中位置。

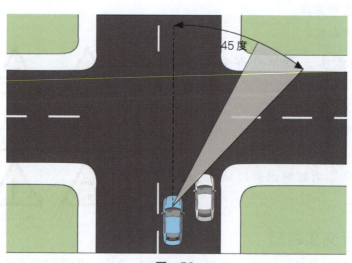

图 50

三、继续向前运动

如果交通信号灯是绿色，或者交叉路口没有信号灯或标志，并且前区、右前区和左前区是开放区，你可以继续向前行驶。

一旦你过了"不能返回点"，你就应当继续通过交叉路口。所谓"不能返回点"，就是超过这个点后，你不再能安全地停车。在正常情况下，该点距交叉路口2秒距离，如图51所示。

当你跨过不能返回点，进入交叉路口后，是不允许在交叉路口内变更车道的。因此，你应当在进入交叉路口前，选择好你的最佳行驶通道。

图 51

四、决定停车

当你识别或预测区域封闭或前有视线限制时，你可能必须停车。通过减低你的车速，你能更容易地检查有视线限制的区域。

当你看到交通信号灯是黄灯或红灯、看到路边的让行标志牌或者有某种东西移动进入你计划的行驶通道，识别出你的前区被封闭，你将需要准备减速或停车。一旦识别封闭的前区，立即察看你的后区。如果后区是开放的，开始制动；如果后区是封闭的，踩制动踏板几次，用制动灯光通知后面的驾驶人你正在停车。

五、停车后起动

在你停车和你的前区开放后，在你开始起动前，搜索90度到右和到左，如图52所示。

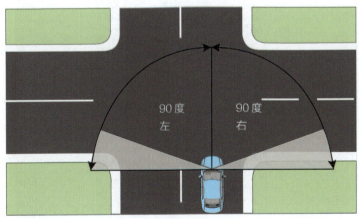

图 52

在每个目标区做短暂的停顿,以便得到可能发生冲突的清晰视图。

转弯时,你的最新的检查,应当是察看你计划中的行驶通道方向。在你进入交叉路口前,你需要知道你计划中的行驶通道是否开放。

如果你是停在另一辆车的后面,在它开始行驶后,等待1秒钟,再起动你的车。这样,会留给你空间以应对前车突然停车。

第二节　有控制的交叉路口

有控制的交叉路口,是指在该交叉路口由交通标志牌或交通信号灯决定先行权。当你接近一个有控制的交叉路口时,完全服从交通标志牌和交通信号灯。

一、用交通标志牌控制的交叉路口

有两种标志牌控制交叉路口:停车标志(红色八角形)和让行标志(红色三角形)。对于停车标志、人行横道或停车线,你必须完全地停下来。对于让行标志,减速和让出先行权给在直通街道上的车辆。

在停车标志前受阻的视野——有时驻停的车辆或其他物体会引起视线限制。在停车后,按下述步骤安全地跨过交叉路口或转弯并入交通流。

1. 跨越交通流

当你需要跨越交叉路口的直通车流时,采取下述步骤:

1)车行至图53-1中的位置1时,看周围和搜索左右各45度。当你蠕动向前时,继续搜索左前区、前区、右前区,察看你的后区。

2)在你移动超过图53-1中的位置2前,检查你的行驶通道有无行人和准备停车,并察看做转弯动作进入你的车道的车辆。

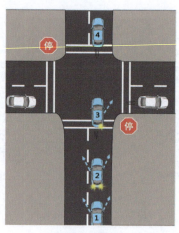

图 53-1

3）停车，让你的车前保险杠和路缘石齐。向你的目标区搜索，左右各 90 度。当有驻停的车辆时，你理想的搜索位置是在你车的前保险杠和驻停车辆的左侧齐时，如图 53-1 中的位置 3。

4）当你有一个开放的前区和左右侧各有至少 7 秒距离的空隙时，加速进行到适当速度。一旦通过交叉路口，察看你的后区。

2. 并入交通流——右转弯

采取以下步骤实现右转弯并入车流：

1）在图 53-2 中位置 1，搜索你的前区有无行人和转到你的街道的车辆。察看你的后区，准备停车。

2）停在位置 2，使你的车前保险杠和路缘石齐。搜索左右各 90 度。察看你的目标车道和左前区、前区、右前区。在看清任何视线限制和具有至少 7 秒距离空隙时，开始转弯。转动你的头朝着目标，开始加速和转动方向盘。当你的左边有视线限制时，它阻碍你清晰地看到 90 度，缓慢地朝着改善你的左侧视野方向蠕动。当你加速和转弯时，转动你的头朝着目标车道。

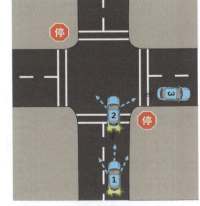

图 53-2

3）在位置 3，此时你完成了转弯，距离路缘石约 1 米左右。加速至车流速度，并察看后区。

3. 并入交通流——左转弯

当左转弯时，采取以下步骤（参看图 53-3）：

1）在移动超过位置 1 前，你的车辆应在车道靠左边线位置。搜索前区有无行人和转到你的街道的车辆，察看你的后区，准备停车。

2）当你车的前保险杠和路缘石齐时，停车。察看你的左前区、前区、右前区。在看清任何视线限制和具有至少 7 秒距离空隙时，开始你的转弯，缓慢地向前移动到你的身体和路缘线齐。检查你的前区，转动你的头朝着目标区和转动方向盘。

3）在位置 3，转弯以便你能在车道靠左边线位置结束，加速至车流速度，并察看后区。

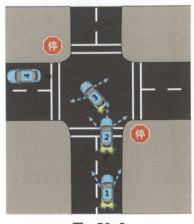

图 53-3

二、用交通信号灯控制的交叉路口

当你朝着用交通信号灯控制的交叉路口行进时，应当察看灯光颜色是否将要变化，察看在横街上任何车辆的状态和迎面来车中面对红灯左转弯的车辆。

"红灯停，绿灯行"，这一交通常识尽人皆知。但运动中的物体，特别是高速运动的汽车，动静之间的转换和方向的改变需要时间。此外，在同一信号灯下，转弯和直行有可能冲突。因此，在交通信号灯中除红灯、绿灯外，还有黄灯和三种颜色的箭头灯以及闪烁灯光。作为防御型驾驶人，应对其含义准确理解和认真执行。

1）绿灯是人们最想要的。但作为防御型驾驶人，要进一步识别是"陈旧"的绿灯还是"新鲜"的绿灯。"陈旧"的绿灯，是指已经绿了一段时间的绿灯。如果你在交叉路口前半个街区以外第一眼看到的就是绿灯，等你邻近和到达交叉路口时灯光可能变黄—红，就要准备减速停车。"新鲜"的绿灯，是指刚才变绿的灯。新鲜的绿灯，不能保证你一定有安全的行驶通道，只有确信在横街上没有驾驶人闯红灯，前区开放，你才能行动。

2）黄灯。当你逼近一个交叉路口时，如果灯光变黄，你必须决定是停车还是继续行车。假设在到达不能返回点之前，灯光变黄，察看后区。如果停车安全，就停车。否则，小心前进通过交叉路口。如果当黄灯时准备左转弯，必须等到所有迎面交通都停止时，你才能开始左转弯。

3）红灯。当灯光是红色时，你必须停车。当你开始减速时，应察看你的后区。如果你的前面有车辆，你和它的距离不能太近，具体的操作是：在你的停止点，能看到前车的后轮和道路接触线。如果你的前面没有车辆，要连续地检查你的后区。

4）绿色箭头灯。绿色箭头灯的含义是可按箭头指示方向转弯，但应避让已在交叉路口的车辆和行人。绿色箭头灯，让车辆做"受保护的左转弯"，此时迎面来车被红灯阻拦。

5）黄色箭头灯。黄色箭头灯的含义是受保护的左转弯时间即将结束，应做好准备服从下一个信号灯指令。

6）红色箭头灯。红色箭头灯的含义是不能按箭头所指方向转弯。

7）闪烁绿灯。绿灯闪烁的含义是绿灯时间即将结束，变为黄—红。

8）闪烁黄灯。黄灯闪烁的含义是警告驾驶人要小心！不必停车，但必须减速，谨慎通过交叉路口。

9）闪烁红灯。闪烁红灯在正常情况下不会发生，一般发生在交通信号系统发生故障时。此时，应停车观望。如果安全，按"无控制交叉路口"的规则通行。

1. 无保护左转弯

无保护左转弯，是指在没有专用左转弯信号灯（绿色箭头灯）的交叉路口，在直行绿灯亮时进行的左转弯。左转弯的驾驶人，必须把先行权让给迎面驶来的车辆。迎面驶来的车辆在绿灯亮时进入交叉路口，必须减速和改变位置避让左转弯车辆，但不让行。

左转弯的车辆在绿灯亮时可行至人行横道前面，但不要超过交叉路口中线；保持车轮直线向前，以防后车撞击推入迎面来车的车道；紧靠中线，让后面的车辆安全通过；当交通畅通时，左转弯进入最近的车道。

2. 有保护的左转弯

在专用的左转弯信号灯或绿色箭头灯或绿灯延迟而迎面交通停止时，你能做有保护的左转弯。当有保护的左转弯信号结束时，左转弯被禁止。

1）左转弯信号灯。有些左转弯灯是架空设置在左转弯车道上，但不是所有左转弯车道都有左转弯信号灯。

2）绿色箭头灯。绿色箭头灯可能与一般的绿灯同时出现，提供有保护的左转弯。绿色箭头灯关闭只表示有保护的左转弯结束，但绿灯尚未关闭。

3）延迟的绿灯。延迟的绿灯指的是交叉路口一侧仍是绿灯时，另一侧变成红灯，为受保护的左转弯让路。此时，应只服从你所在一侧的信号灯，不要以为当迎面交通继续前行时，你也能前进。

3. 在红灯时转弯

在没有明显的禁止转弯标志的交叉路口，在红灯时转弯是允许的。

1）在红灯时右转弯：当到达停车标志牌前时，车应完全停止。让行人先行后，行至你能清晰地看见左侧交通情况的位置。当看到有一个足够大的车距时，右转弯进入最右边车道。

2）在红灯时左转弯：只能发生在单向行驶的街区，从一条单行街道左转弯进入另一条单行街道，或从双行道街道上的左转弯车道在红灯亮时左转弯进入一条单行街道。

4. 右转弯冲突

与左转弯相比，右转弯出现危险的机会小一些，但是仍有可能发生冲突。

1）和行人冲突。当右转弯时，行人可能要抢在你转弯前跨过街道，快速走到你车的前面从而发生冲突。

2）与后车碰撞冲突。转弯时，必然要减速，甚至停车让行等待。若后面的车因你的信号（制动和右转弯）发出不及时或后车驾驶人疏忽，极有可能出现追尾碰撞事故。因此，要提前半个街区发出转弯信号，提醒你后面的驾驶人及早地制动减速。

第三节　无控制的交叉路口

没有交通标志牌也没有交通信号灯管制交通的交叉路口，被称为无控制的交叉路口，如图54所示。

无控制的交叉路口，常常出现在交通流量小的地区，例如居民住宅区或乡村地区。与繁忙喧嚣的城市交通环境相比，车辆少，显得安静和空旷，却潜伏着危险。因为，在这样的环境里驾驶，"居安思危"观念不强的驾驶人，总是以为不会有横行的车辆或行人，失去应有的警惕。一旦出现横行的车辆或行人，再快速地反应和惊慌失措地停车，都为时已晚。

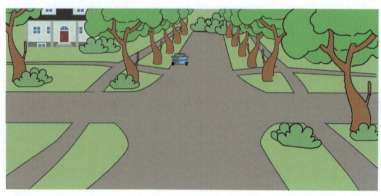

图 54

一、识别无控制交叉路口

在无控制交叉路口发生的碰撞，主要是因为驾驶人没有及时地识别出自己正在进入无控制的交叉路口。为了识别无控制交叉路口，注意搜寻以下线索：

1）街道标志和街道灯光。
2）在横街上驻停的汽车。
3）电线杆排列和小区围栏。
4）路边的邮筒/箱。

一旦发现这些线索，就应识别出前方可能是无控制的交叉路口，减速和做好停车准备。

二、接近无控制交叉路口

当向无控制交叉路口驶近时，应想到可能构成威胁的不安全因素。首先，是从左或右边向交叉路口驶来的车辆。然而，交叉路口两侧常常有建筑物，灌木丛或驻停的车辆，挡住驾驶人视线，看不清它们，这就要求减速慢行，随时准备停车。然后，你应搜索左前区、前区、右前区，判定有无开放的行驶通道进入和通过交叉路口。同时，察看你的后区跟随的车辆，保持后区的安全。

如果有从左或右边来的车辆，位于左边的驾驶人必须让右边的驾驶人先行。然而，在所有情况下都要预料会发生最坏的事件，绝不要以为其他驾驶人将让行。唯一的安全动作，就是减速和准备停车。对待无控制交叉路口，如同你是在一个让行标志牌前那样，总是准备停车，总是要让行人先走，不论行人是在何处横过。作为一个防御型驾驶人，必须让行人先行，即使行人违反交通规则。

三、通过无控制交叉路口

当你搜索你的目标区和识别出一个无控制交叉路口时，有三个关键的位置，在这些位置你必须应用"三步法"。每一个位置，对应一个以秒计的时间周期，如图55所示。

在你逼近无控制交叉路口时，必须在每一个关键位置执行一系列步骤。

1. 在距离交叉路口 12~15 秒位置应用"三步法"

1）察看道路情况。察看左前区、前区、右前区是否封闭。

2）识别是否是无控制交叉路口。

3）识别已在或靠近交叉路口的其他道路使用者。

4）搜索每一侧，每侧视角不小于45度。搜寻视线限制。当你识别有区域封闭危险时，决定对策，执行决定，在你进入那个空间前解决问题。

5）定位你的不能返回点。在超过那个点后，你不能停车。

图 55

6）观看后视镜，察看后面的交通，降低你的车辆速度。视线限制越多，执行三步法需要的时间越长。

2. 在距离交叉路口 4~6 秒位置应用"三步法"

1）检查你即将行驶的通道。

2）搜索你的左前区、右前区是否封闭。

3）如果从左或右驶来车辆，准备停车。

4）察看后面的交通。

3. 在距离交叉路口 2 秒位置应用"三步法"

1）当你就可能的冲突连续评价各个区域时，短暂地中止你的搜索。这是你选择安全地停车的最后机会——不能返回点。

2）如果在交叉路口内你的前区封闭，制动直至停车。

3）再次搜索左边和右边。

4）当你的行驶通道敞开时，继续行进，通过交叉路口。

第四节　环岛和立交桥

一、环岛

环岛，是一种呈环形的交叉路口的简称，是车辆环绕一个中央安全岛沿逆时针方向行驶的交叉路口。有的环岛，由交通信号灯控制车辆进入；有的环岛，仅有让行标志牌，如图56所示。

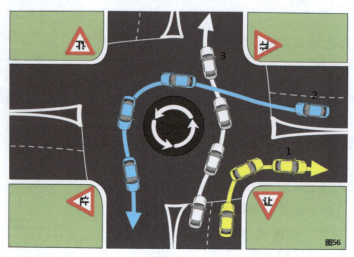

图　56

通过环岛的驾驶要点如下：

1）接近环岛时，应该减速，注意有无指引车辆行驶的交通标志和人行道标志。

2）如果是由"让行"标志牌控制交通，只能在车辆之间有足够的距离时才能驶入环形道；如果是交通信号灯控制交通，按前述一般规则驾驶。

3）进入环形道后，只能按逆时针方向行驶。即使错过了出口，也只能继续行驶，直到返回出口处。

4）进入环形道后，不得停车、超车。留心你的右前区，进入环岛的车辆可能会封闭你的行驶通道。

5）如果环形道有多条车道，内侧为快车道，外侧为慢车道。由内车道离开环岛前，先提前开右转向灯变更车道到外侧车道，然后再驶离环岛。

二、立交桥

随着社会经济的发展，交通流量剧增，平面交叉路口已不能满足需要。于是，在公路网络中出现了许多各式各样的立体交叉路口——立交桥。限于篇幅，这里只介绍比较简单、常见的两种，如图57、图58所示。

第一次过立交桥，如果未曾做充分准备，常常会走错路，这是未执行好"知己知彼"战略的必然结果。因此,作为防御型驾驶人,必须"知彼"——了解立交桥的工作原理。

顾名思义,"立交桥"三个字可分解为"立交"和"桥"两个部分。"立交",指的是两条公路的交叉是立体的,也就是在两个平面上,两条路的通行互不相干,现实中有些城市的高架公路与一般地平面公路的交叉点就是"立交";"桥"的含义,是连接两个平面,以便车辆实行公路之间的机动。例如:从南北向公路变换到东西向公路行驶,可通过连续右转弯实现。据此,比较图57和图58中所示的两种立交桥,可以看出差别仅仅是"桥"的结构。图57中的"桥",是四条坡道;图58中的"桥",是上下立交两个平面中间的桥平面和坡道。

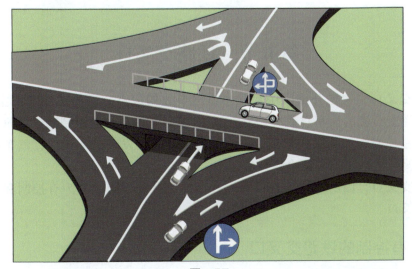

图 57

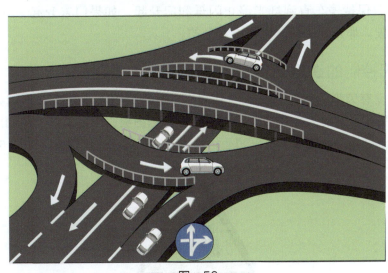

图 58

通过立交桥时注意以下事项：

1）接近立交桥时，适当减速，以便有充足的时间正确选择入口。

2）如计划直行通过立交桥，按原方向从桥上或桥下行驶，并注意给驶出或驶入的车辆让出右侧车道。

3）右转弯时，按交通标志的指示减速行驶。

4）左转弯动作比较容易出错，必须驶过跨线桥才能转弯。图57和图58的转弯动作不同，图57是打开右转向灯，两次右转弯后，实现左转弯；图58是一次右转向和一次左转向后，实现左转弯。

5）通过立交桥时，按规定速度或限速标志行驶。

第五节 铁路交叉口

铁路交叉口，也是公路网中易发生碰撞事故的地点。它的高危险性主要在于：一是在铁路上行驶的火车总是有"先行权"，而且它不可能紧急制动避让汽车；二是汽车跨越铁轨时，如果操作不当，有可能熄火。一旦发动机不工作，汽车停在轨道上，那种高危险性是不言而喻的。

铁路交叉口，因所在位置人口密度和交通流量的不同，分为有控制和无控制两种铁路交叉口。

一、有控制的铁路交叉口

有控制的铁路交叉口，通常有带红灯的横断门（杠）。当红灯闪烁或门落下时，完全地停车，保持停车直到灯光停止闪烁和门升起。如果门未升起，等得不耐烦，想绕过门行驶，那是非法的，也是不安全的。

二、无控制的铁路交叉口

交叉口没有闪烁的红灯和横断门管制汽车通行，但在距交叉口不远处立有标志牌，提醒驾驶人前有无人控制的铁路交叉口。标志图象，中外不同。中国的无人看守铁路道口标志是等边三角形、顶角朝上；黑边黄底、黑色火车图案，如图59所示。

图 59

美国的铁路交叉口标志如图 60 所示。

图 60

带有一个黑色"×"和两个黑色 R 字母的圆形黄底标志，一般用在城市地区，立在距交叉口约 76 米的路边。在乡村地区，是一个大的白色叉标，立在距交叉口的约 230 米处，如图 61 所示。

图 61

大的叉标可能被画在道路上，作为附加警告：前方有铁路交叉口。
跨越铁路交叉口的动作要领如下：

1）当你接近铁路交叉口时，减速，检查前方、两侧和后面的交通。

2）关闭收音机、音响和空调，以便能听清火车的声音。如有干扰，可打开车窗。

3）如果听到火车声音正在逼近，应在轨道前安全距离处停车。

4）等待火车通过，然后细心地察看交叉口，确信其他轨道上没有火车逼近。

5）在安全的前提下，加速至 30 千米/时以上，通过交叉口。这将保证即使发动机熄火，你的车辆仍能滚过交叉口的铁轨。

6）如果你的车辆是手动档，在通过交叉口前换成低档。切不要在通过时换档。

7）如果是多辆汽车成串通过铁路交叉口，只有当前车通过了交叉口且前行了足够距离时，你才可以进入交叉口。这样，当你通过交叉口后需要停车时，能确保停车位置已远离铁轨。

8）公共汽车和运输危险品的货车在通过铁路交叉口时，必须先停车，不论当时有无火车通过。如果你跟随在这类车辆后面，要有停车的思想准备。

第六节　决定先行权和判断车距

"各行其道",这是安全避险的不二法门,与之相反的"共用道路"却是交叉路口的必然选择。为化解此矛盾,一是从时间上给各条道路的使用者排出先后,二是交叉路口立体化。但是,由于建造成本和运行成本的巨大差异,立体交叉只能是少数,大量的无处不在的是平面交叉。为安全地通过平面交叉路口,衍生出本节要讨论的两个问题:决定先行权和判断车距。

一、决定先行权

"先行权",是指立即使用道路的某些部分的特权。

谁有先行权?交通法规通过交通标志、交通信号灯以及约定俗成的行为规则,决定道路使用者谁有先行权。最简单的,甚至许多儿童都知道的"绿灯行,红灯停",就是决定先行权的例子。

"先行"和"让行"是矛盾的统一。没有让行,就没有或不能先行。交通法规决定你有先行权,但不能保证你能安全行使先行权。

作为防御型驾驶人,在某些情况下,为了安全可能要让出先行权,这意味着让其他的道路使用者在你的前面先行。在时间上,虽然耽误了几分钟,但避免了冲突。当然,最重要的是严格遵守交通法规,自觉让行。图62中,列举了9种常见情况,A车都必须让行。

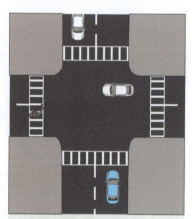

在无控制的交叉路口,让:
1. 已在或接近人行横道的行人
2. 已进入交叉路口的车辆
3. (左转时)迎面来车
4. (同时到达)右边车辆

图　62-1

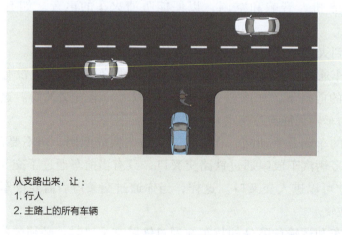

从支路出来,让:
1. 行人
2. 主路上的所有车辆

图　62-2

第六章 交叉路口

在任何交叉路口左转弯时，让：
1. 遇到的所有行人
2. 所有迎面来车

图 62-3

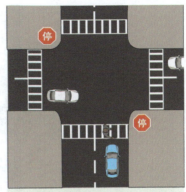

在无红绿灯的交叉路口停车标志牌前，让：
1. 人行横道上的行人
2. 横街上的所有车辆

图 62-4

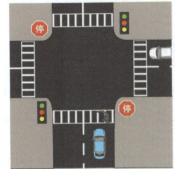

在有红绿灯的交叉路口标志牌前，让：
1. 人行横道上的行人
2. 先到达的车辆
3. 同时到达，位置在右边的车辆

图 62-5

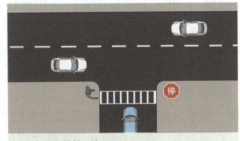

在让行标志牌前，让：
1. 人行横道上的行人
2. 横街上的所有车辆

图 62-6

信号灯刚变成绿色时，让：
1. 仍在人行横道上的行人
2. 仍在交叉路口内的车辆

图 62-7

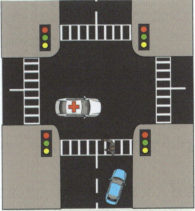

遇到救护车时，应靠边停车，等救护车驶过后再起动

图 62-8

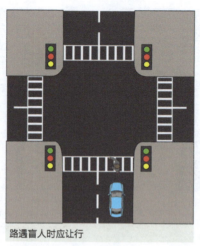

路遇盲人时应让行

图 62-9

二、判断车距

"先行权",决定了众多的道路使用者使用交叉路口的先后次序,还需要决定使用的时间周期。

用信号灯控制的交叉路口,是用灯光持续的时间周期决定通行和让行的时间周期,驾驶人只需服从灯光指挥就行。但是,对于无信号灯控制的交叉路口,就需要驾驶人"判断车距"。

所谓"判断车距",指的是即将从停车标志牌处起步(图63)进入交叉路口的黄车驾驶人,判断与左、右两侧驶来的车辆之间的距离。图63中只画出左侧,右侧没有画出,原理相同,仅车道不同。

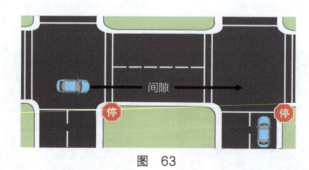

图 63

图63中的黑色箭头线,示意车距;相邻两个交叉路口之间的距离,称为一个"街区"。

因为进入交叉路口的黄车,不论是跨越直行,还是左、右转弯并入干道车流,都需要足够的时间;这个时间不能和在干道上双向行驶的车辆经过交叉路口的时间重合,否则就会发生碰撞。

 # 第七章　城市驾驶

在这一章，将探讨如何应用三步法于城市交通环境，如何处理驾驶中遇到的一些特殊情况，以便使你在任何城市都能成为防御型驾驶人。

第一节　适应城市交通环境

一、城市交通的复杂性

当你在一条很少使用的乡村道路上，在良好的气候条件下，以中等速度驾驶时，你可能不会遇到什么严重的危险。但是，在繁忙的高速运行中的城市交通环境里驾驶是完全不同的，是更有挑战性的。

1. 造成城市驾驶困难的因素

其一，是城市地区比乡村地区的交通更稠密，每千米有更多的轿车、公共汽车、货车和行人。

其二，是城市交通中的危险比在乡村地区更接近你，那些危险能很快地封闭你的行驶通道。

在乡村环境驾驶，每千米的危险数量是很低的，并且你通常有富裕的"缓冲空间"，你也有时间适应交通场景。但在城市驾驶，你可能必须在同一时间对几个逼近的危险和可能的冲突作出回应。

每千米城市道路，有大量的不同类型的危险。试比较图64中同一地点的两个场景，哪一种情况更难处理？

图 64

当你在城市驾驶时，使用三步法是需要时间的，你将必须和许多困难境地、封闭的区域和视线限制做斗争。如果在你的车辆和危险之间不能增加距离，你就必须

改变车道位置、减速或停车,以给自己解决冲突所必需的时间。

2. 在拥挤的街道上的意外情况

(1)你的行驶通道被封闭　常见的事例如:商店门前的车道边,停着装卸货物的车辆,有人正在装卸货物;旅店门前车道边,停着载运旅客的车辆,很多人在上下车;城市道路养护维修,封闭了部分路段。城市的历史越悠久,这类情况越多。因为,那些街道是在汽车尚未出现或流行的时代兴建的,自然显得狭窄。

无论遇到上述何种情况,均应减速、观察,视情况停车等待或者换道绕行。换道绕行时,必须遵守换道规则。如果是在双向两车道街道,"换道"是跨过中线进入迎面交通的车道。此时,你必须等待时机让迎面来车先行或服从现场工作人员的指引。

(2)警惕停着的车辆　驻停的车辆,不仅缩小了车道的可利用空间,而且造成你的"视线限制",掩盖着防不胜防的意外事件。

一辆车突然从小巷中驶出,将要进入你的行驶通道。而这条街是如此之窄,你的机动空间很小。你只能减速,把脚轻放在制动踏板上,小心翼翼地驾驶,随时准备制动停车,如图65所示。

接近交叉路口,即使是绿灯,在你左边车道上的车辆因让行人而停车。但是,该车辆挡住你的视线,你没有看见行人。如果你丧失警惕性,以为是绿灯,继续前行,那么就会和进入你的行驶通道的行人相撞,悲剧发生了,如图66所示。

图 65

图 66

成角度或平行停驻车辆,在许多街道是允许的。如果你必须靠近这些停驻的车辆驾驶,要警惕可能出现的冲突。细心观察车辆或行人运动的线索,减速、停车或换到另一条车道。

二、使用三步法

繁忙的城市交通,将考验你的驾驶技能。集中你的注意力到驾驶上,避免冲突和精神涣散。你可能看见其他正使用移动电话的驾驶人,你也可能看见某个攻击型驾驶人,通过挑战其他驾驶人,不必要地增加在困难境地中的危险程度。某些极端愤怒或轻率的驾驶人,竟然向其他人冲击,好像他们处在狂怒中。在"道路狂怒"

的境地，应冷静和后撤，和发怒的心神烦乱的或失去理智的驾驶人保持距离，你应通过避开他们，控制形势。

复杂的交通环境，特别需要使用三步法。

1. 识别危险

积极地凭借视觉技能，看远、看好你的前方，直到你的目标区。察看你的搜索范围，确信你的前区开放和有时间发现像视线限制这样的事物，迅速地预测出可能的冲突点和增长有价值的反应时间。

2. 决定对策

始终要准备好通信联络，或调整你的车辆位置，通过改变速度有效地控制车辆之间的距离。

3. 执行决定

准备好使用你的车辆控制机构，在交通中做平滑、低危险的机动动作。

研究一下图 67，当你的左前方和右前方被封闭时，你需要减速，你该如何使用三步法？识别出什么危险？决定什么对策？如何执行决定？

图 67

第二节　跟车和被跟车

在繁忙、拥堵的城市交通环境中驾驶，你总是处在车流中，前面你跟随着其他车辆，后面被其他车辆跟随。在你的车辆和前后左右车辆之间，保持一个缓冲空间或距离，这是执行"保持距离"战略的重要步骤。

一、跟车

保持适当的跟车距离有下列好处：

- 你能看到更远的前方，且能看到全景。

- 你有更多的时间使用三步法。
- 如果前面的汽车突然停车,你处在较安全的位置。
- 其他人能较好地看到你。

1.3秒跟车距离

在大多数正常情况下,3秒跟车距离,能提供一个安全的缓冲空间离开前面车辆。使用以下步骤,测量你的3秒跟车距离。

1)选定在前方道路上某个固定的检验点。道路标记或阴影,成为好的固定的检验点。如图68所示,桥的阴影作为固定的检验点。

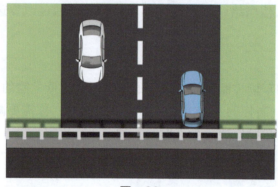

图 68

2)当你前面的车辆通过你设定的检验点时,数"一—千—零———""一—千—零—二""一—千—零—三",作为3秒计时。

3)现在,查看你的车辆位置,应该还没有到达检验点。如果不是,而是超过了检验点,需要减速和增大距离。

对于各种速度下正常的跟车距离的计量,3秒技术都能良好地起作用。当速度增大时,在你计数的3秒内你的车辆行驶距离也增大,于是你的跟车距离将随着速度的增加而增大。

3秒跟车距离,不是"总的停车距离",注意不要混淆。总的停车距离,是你为避免碰撞静止物体所必需的,而3秒跟车距离仅仅保护你不和你正跟随的车辆相撞。

在不利的条件下,或者你需要更多时间执行三步法,可增大你的跟车距离比3秒大。在下列这些情况中,应保持特别大的跟车距离:

- 你正在学习驾驶,你的使用三步法的能力还没有完全养成。
- 一个危险的紧随行驶的驾驶人封闭了你的后区。
- 你正在接近一个视线物体。
- 道路湿滑,牵引力低。
- 你正在载运重物或牵引拖车。

- 前面的驾驶人看起来不可靠。
- 你正跟在摩托车后面。

2. 跟车的其他技巧

当跟随在其他车辆后面行驶时，除 3 秒规则外，还有以下几项技巧也是要使用的。

（1）往更远处看——超过前面车辆　让你的视线超过、穿透你正跟随的车辆，察看它的前面和两侧。你甚至能通过察看前车的下面，看到它前面车辆制动灯光在湿滑路面上的反射光。警惕前面车辆的制动灯光，力求预料前车驾驶人对区域情况变化可能要作出的反应。如图 69 所示，看到前车的前面有行人走过，就应当预料前车会减速或停车，自己作出相应准备。

图 69

（2）警惕危险的共用路段　在这些路段，随时可能发生区域封闭和突然停车。这些路段是交叉路口、邻接驻停着车辆的车道、停车场出入口和高速公路出入口。行经这些危险的路段时，要警惕前车可能突然停车。

（3）安全转移视线　设想你在一个陌生的城市驾驶，在搜寻门牌号码、街道名称等信息和察看后视镜的几秒内，前车的驾驶人突然紧急制动，等你的视线移回到前方道路时，车已经碰上了。如何才能避免这样的错误发生？可采取以下措施：

- 在转移视线前，确信前区是开放的和稳定的。如果是跟随在其他车辆后面，增大跟车距离，大于 3 秒。
- 宁愿做多次短暂的瞬间扫视，也不要转移视线一次长时间注视某个地方。
- 请车上乘客帮助搜寻门牌号码、街道名称或其他信息。
- 当你视线受限时，进一步减速，增大跟车距离，以便能安全地转移视线。

二、被跟车

当某车的驾驶人紧跟在你的车后面，或者说太接近地跟随时，你是处在高危险的后区被封闭的情况。因为，如果你必须紧急停车，这个紧跟在后的驾驶人可能从后面撞击你。紧跟的驾驶人常常以为他们能抢时间或使其他驾驶人走得更快，这是误区。

为减低被紧跟的危险，为避免来自后面的冲击，可采取以下步骤：

1）增大你的跟车距离，达到4秒以上。设想，你是图70中的黄车驾驶人，你已经识别这个紧跟的驾驶人（B车驾驶人），并确定你的后区被封闭。通过使用至少4秒的跟车距离，增大了你和前车（A车）之间的缓冲空间。一旦你必须减速或停车，你能更缓慢地动作和给紧跟在后的驾驶人更多的时间响应。

2）稍微朝右移动，如图70中黄车所在位置，让紧跟行车的驾驶人能直接看到你前面车辆的制动灯光。

3）为转弯、停车和改变车道提早发信号。预先闪亮你的制动灯光警告紧随行车者，你将要减速和停车。为做到逐步地停车，应立刻减速。

图 70

4）在安全许可时变更车道，用手势鼓励紧跟行车者超车。在极端情况下，为避免被紧跟，应驶离。为减轻压力和降低危险，你最好的防御是躲开紧随行车者。

第三节　会车和变更车道

一、会车

在双向行驶的街道上，和迎面驶来的车辆相会是经常发生的。只要遵守"各行其道"的原则，通常不会发生大的事故。但是，作为防御型驾驶人，总是要"居安思危"，意识到迎面来车跨过中线进入你所在的行驶车道的可能性是存在的。随时应用三步法，化解危险，避免冲突。

1. 跨过中线原因

迎面来车驾驶人跨过中线、封闭你的前区，可能有以下原因：

1）驾驶人健康受到损害。驾驶人可能昏昏欲睡、精神错乱、模糊不清、醉酒吸毒或生病。

2）错误判断。驾驶人可能错误地判断速度、距离和位置。

3）极低的能见度。直射的太阳光、致盲的前照灯或坏的气候，都能使驾驶人视力变差。

4）行车空间变小。道路上的雪堆、水坑、窄桥、停驻的车辆或堆放的物体，迫使驾驶人进入对方的车道。

5）受其他人突然行动影响。儿童、漫不经心的骑车人、行人、动物的突然出现，或驻停车辆车门突然打开，都会迫使驾驶人突然转向。

6）车辆故障。由于爆胎或其他车辆故障，导致车辆失去控制。

7）牵引力降低或丧失。雪、冰、碎石，甚至强烈的侧风，都能引起车辆滑过中线。

8）转弯的公共汽车和货车。长的车辆、牵引拖车的车辆转弯时，需要更大的空间，导致越过中线。

2. 避免冲突

如果一辆车向你扑来，为避免冲突，应采取下列动作：

1）减速，直到其他驾驶人回到正确的车道。你也能通过减速，以便在适当地点和迎面来车相会，该地点有更大的通过空间。

2）打开或闪亮你的前照灯和按喇叭，警告迎面来车驾驶人："你走错车道了！"

3）如果你的右前区开放，朝右移动，给迎面来车驾驶人更多的空间。如果需要，急转向右到空旷区。

二、变更车道

一旦你开始在一条车道上驾驶，力求保持在这条车道上行驶。如果你必须变更车道，按照以下步骤：

- 使用你的后视镜，察看你的后区交通情况。
- 及早发出变更车道的信号。
- 快速地过肩察看你的盲区。
- 稍加速，平滑地进入相邻车道。
- 调节车速，与车流速度一致。

如果你需要变更多条车道，重复上述步骤。一次仅变更一条车道。在变更车道信号可能被人误解的地点，不要变更车道。例如，在交叉路口附近，变更车道信号可能被人误认为是转弯信号。

第四节 超车和被超车

一、变更车道超车和原道超车

在多车道的公路上，有两种超车模式：变更车道超车和原道超车。所谓"变更车道超车"，是指只变更一次车道，进入车流速度较快的相邻车道，超过前面的车辆后继续在新车道行驶。而"原道超车"，是指驾驶人在变更车道后加速，超过前面的车后又回到原来的车道，全过程包括两次车道变更，结果是原来在前面的车变成跟随在后面的车。由于双向两车道公路上只能原道超车，所以习惯上把原道超车简称为超车。依此惯例，以后文中提到的超车，都是指原道超车。

在双向两车道的城市街道上，超车特别危险，因为你的超车道正是迎面来车的车道。你必须评估和迎面来车的距离，同时必须判定在街道上的其他危险，警惕行人、横行的车流、信号灯光变化和无尽头的视线限制等。因此，在城市街道超车，要比在乡村公路超车更危险。

不要在或接近交叉路口超车。在交叉路口，来自横街的车辆可能转弯直接进入你的超车车道，如图71所示。

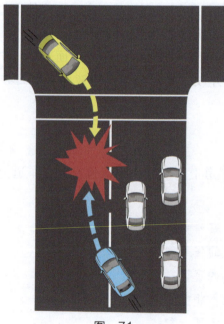

图 71

二、安全超车

当你必须超车时，若是变更车道超车，按照前节所述的变更车道步骤进行。若是原道超车，按以下步骤进行：

- 确定超车合法。在交叉路口超车、跨过双黄线超车和在上坡道超车，不仅不安全，也是违法的。
- 当前方有一个安全的跟车距离时，才能开始超车动作。
- 快速察看后视镜和盲区。
- 发出变更车道信号（打开左转向灯），移动到超车车道。
- 当加速超过前车时，轻按喇叭，警告前车驾驶人。如果情况变化，超车不安全，应退回，另等时机。
- 发出返回原车道信号（打开右转向灯），当能从车内后视镜中看见你要超过的车辆的前照灯时，返回到原来车道。
- 调整车速。

第五节　城市驾驶的基本技巧

良好的驾驶技能，以及与其他的道路使用者良好合作，能使城市驾驶变得容易和愉快。

一、眼光超前，位置靠后

在"用眼驾驶"战略一章中，曾论述"看的要远"的重要性。在具体的城市交通环境中如何实施？除了察看你的车辆附近的情况外，要眼光超前，无论当时的城市交通环境是否允许你看到多远，至少要看到一个街区的交通场景。

生活经验告诉我们，为了看清物体的全貌及物体与周围环境的关系，就必须位置靠后，即和物体保持足够大的距离。在城市驾驶时，跟随前车的距离要大到有足够的空间，保证能看好、能完成机动动作和停车。

不同的跟车距离，带来不同的视觉距离，这种差异反映在图72中。

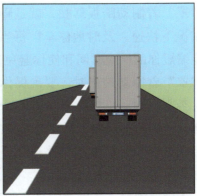

图 72

设想你是跟随在货车后面的驾驶人，右图是保持 3 秒跟车距离时前方道路的视图；左图是你跟随得太近，货车成了视线受限的因素。不难看出，只有保持足够的跟车距离，才能识别和预测可能的冲突点，并决定对策、执行决定，最终化解危险。

二、看信号灯光的诀窍

朝目标区远看的内容之一，就是下一个交叉路口的信号灯光，从而你将有更多的时间响应它。

如果信号灯是红灯，减速和准备停车。如果你所在街道上的信号灯被设计成同步工作，你将能够以等于或接近速度限制的速度驾驶，到达每一个交叉路口时灯光都变绿——一路绿灯。

当你第一眼看它时，如果信号灯是绿灯，预料它将变换。交通信号灯已经是绿光和很快将变成黄光，被称为"陈旧绿灯"。留心行人信号灯中的"禁止行走"是否开始闪烁，这意味着信号灯即将改变成黄灯。如果这个信号灯正在闪烁，你必须判定在信号灯变成黄灯前，是否有时间安全地驾车通过交叉路口。你的决定，将取决于你到交叉路口的距离和你的速度。如果灯光闪烁时，你已经进入交叉路口，应尽快完成通过。

不要抢在绿灯变化前加速通过交叉路口。绿灯变成红灯前，黄灯亮，一般黄灯持续时间 4 秒。在横街上的驾驶人，可能看到灯光朝有利于自己的方向变化（绿灯将亮）而进入交叉路口，这常常导致事故发生。

三、"罩"着制动踏板

如果你驾车进入一个稳定的没有危险的交通环境，你可以保持正常的速度继续行驶。但是，当需要紧急制动、快速停车的可能性存在时，驾驶人应当使用"罩着"制动踏板的驾驶技巧，随时做好停车准备。

所谓"罩"着制动踏板驾驶，就是脚离开加速踏板保持放在制动踏板上方，以便在紧急情况下快速、及时地停车。每当你意识到可能发生冲突时，你要使用这项技巧，它能缩短你的反应时间和使你避免碰撞。

当你"罩"着制动踏板时，要确保你的脚不是搁在制动踏板上，或是放在制动踏板上方。否则，制动机构将会发热和很快磨坏；制动灯一直亮着，但你并未减速、停车，这样会使后面的驾驶人困惑甚至发怒。

在城市交通环境，经常遇到路边驻停车辆的情况。这些车辆随时都有可能驶离路沿进入你的车道，如图 73 所示。

有时，还会遇到前方车辆突然打开的车门，需要提高警惕，如图 74 所示。

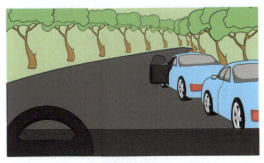

图 73

图 74

因此,在通过路边驻停的车辆时,为识别和化解危险,宜采取这些行动:

- "罩"着制动踏板驾驶。
- 移动到车道中的 2 号位置(靠左),和离开驻停车辆至少一个车门的宽度。
- 透过驻停车辆的后/侧窗,寻找车中的驾驶人。
- 警惕驻停车辆的制动灯、转向灯、排气烟流或车轮转向。
- 如有需要,可轻按喇叭。
- 准备停车或转向。只有当左前区开放时,才可转向。

四、速度、车道和位置选择

1. 调节速度

设想,你在公路上行驶了一个小时,进入某个市区,第一个迎接你的是速度限制 30 千米/时的标志牌。然而,实际的交通情况告诉你,车流速度可能不是 30 千米/时。怎么办?如何调节你的速度,选项有三:

1)跟随交通车流,按车流速度驾驶,但保持不超过速度限制。

2)由于环境生疏、复杂等原因,行驶速度过慢,引起交通停停走走、延长旅行时间、浪费燃料和诱使其他驾驶人力求超车。

3)你不耐烦,嫌车流速度太慢,用过度的超车和变更车道做不必要的冒险。

许多驾驶人不相信,车速增加 10 千米/时,通过一个街区节省的时间只是几秒钟。为短短的几秒去冒险,值得吗?表 6 解释用车速 40 千米/时,比用车速 30 千米/时行驶 10 千米,仅节省 5 分钟。

表 6

速度 千米/时	行驶 10 千米所需时间/分钟	相邻两级车速相差时间/分钟
30	20	—
40	15	5
50	12	3
60	10	2

在一条直行车道上，力求以接近速度限制的速度匀速行驶，将允许你每进入交叉路口时灯光变绿。相继的交通信号灯常常是同步的，使交通车流平顺地流动。

2. 选择最佳车道

当在同一方向有多条车道时，总是选择危险数最少的车道行驶。

左边车道通常车流速度较快。但是，当遇到交叉路口没有专用的左转弯车道时，左车道的交通可能被等待左转弯的车辆阻挡。当同一方向仅有两条车道时，左转弯的驾驶人可能遇到这个问题。

右边车道通常是低速车辆行驶的车道，除非它要超车或左转弯。由于在右车道行驶，其他车辆只能从你的左边超车。

如果同一方向有三条车道，中间车道是最好的选择，参看图75。

在中间车道行驶，受干扰（危险）最少，车流速度最平稳。如果想提高车速、超车或左转弯，可换到左车道；如果想低速行驶或驶出街道，可换到右车道。

为了改善上下班时间交通拥堵的状况，许多城市设有公共汽车和合用车的专用车道。在规定的时间，这些专用车道内的人们共同乘车，既节约时间和燃料，又减少污染和停车困难问题。在此时间段，车上没有乘客，仅有驾驶人自己，不能使用专用车道，只能使用其他速度较慢的车道。

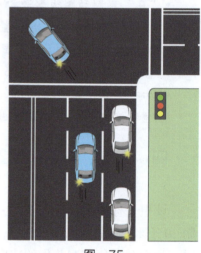

图 75

3. 在车道内定位

按防御型驾驶战略中的"保持距离"思想，决定你的车辆在车道内的位置，会使你和其他道路使用者之间发生冲突的可能性降到最小。

在你的车辆和前面车辆之间保持3秒的距离空间，以便你有时间对前面情况的变化作出反应。保持在车道中央，别在太接近车道两侧标线的位置驾驶。

在多车道交通中，以下三点对于适当地给车辆定位是重要的。

1）如果你在多车道的街道行驶和发现自己陷入拥堵的交通中，增大你的跟车距离达到3秒。你要力求在前后两个车群之间，而不是在车群中。如图76所示的黄车，通过减速，脱离车群。

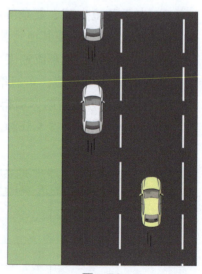

图 76

2）在你的车后方，有一块盲区。在这个区域，你的视线被你的车辆的角柱阻挡。通过加速或减速，调整你车的位置，确保你不在其他驾驶人的盲区，让他们能看到你，也确保你的盲区内没有其他车辆。

3）当其他危险陡然增加和迎面交通太拥堵，你只能使你的车保持在车道中央，用脚"罩"住制动踏板，减速和做好停车准备。

第六节　城市交通中的特有道路

"中间左转弯车道"和"单向街道"，只在城市公路网中存在。作为防御型驾驶人，你要学会使驾驶适应城市交通的特殊环境，这也是实施"知己知彼"战略的必然要求。

一、中间左转弯车道

中间左转弯车道，设在双向街道的中间，两侧各有两条线，内侧是虚线，外侧是实线，如图77所示。

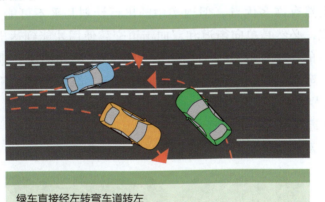

绿车直接经左转弯车道转左
黄车右转进入街区
蓝车进入左转弯车道待机实现左转弯

图 77

如果街道上有中间左转弯车道，你在做左转或做许可的掉头时，必须使用该车道。在中间左转弯车道内，行驶距离不得超过60米，因为该车道并非正常行车道或超车道。

使用此车道左转时，先打开转向灯，完全驶入中间左转弯车道。不要斜跨标志线停车，致使你的车尾阻碍交通。确认要进入的车道无车辆，然后才能在安全的情况下转弯，并注意同一车道内迎面驶来开始左转弯的车辆。

从侧街或门前车道出来左转时，首先打开转向灯，并等待安全时机；然后，驶入中间左转弯车道；安全时，再并入车流。

二、单向街道

许多城市中，有一些单向行驶的街道。和双向街道相比，它能承载较大的交通量、较小的拥堵和较高的安全性。

1. 识别单向街道

当你来到一条陌生街道时，首先要识别它是否是一条单向街道。以下线索可以帮助你识别：

1）在大多数单向街道上，立有单行路标志牌，长条蓝底白箭头（美国是黑底白箭头上有"ONE WAY"字样）。

2）所有运动中的交通和驻停的车辆指向同一方向。

3）白色虚线用来作为车道分隔线。

4）大多数交通标志牌被安装成面向同一方向。如果你正在一条单向街道上驾驶，发现标志牌不是面向着你，而是相反，你可能是走错了方向。

2. 单向街道和转弯

单向街道固然有许多优点，但现实中的出行计划几乎不可能完全在单向街道上行驶就能完成，必然是单向街道和双向街道交替使用才能到达出行目的地。而要达到"交替"目的，实施的机动动作就是"转弯"。换句话说，进入和离开单向街道，都是通过转弯来实现的。因此，在单向街道上，驾驶技能的重点就是转弯。常见的几种转弯分别叙述。

（1）双向街道和单向街道交替

参看图78，双向街道和单向街道十字交叉。

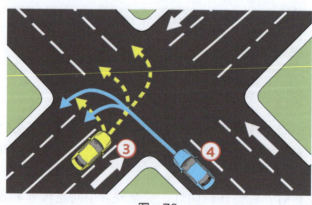

图 78

图78中的③，从双向街道左转进入单向街道，从最靠近街道中心的车道转弯，如箭头所示，在安全的前提下可以转入任何车道。

图78中的④，从单向街道左转进入双向街道，从最左侧车道开始转弯，如箭头所示，在安全的前提下可以转入任何车道。

参看图79，双向街道和单向街道丁字相交。

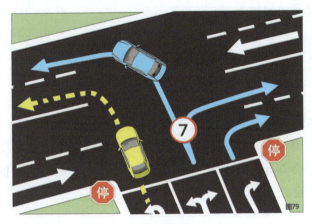

图 79

在丁字路口，从单向街道转入双向街道，直行车辆享有先行权。在安全的前提下，⑦可以从中间车道左转或右转，其他如箭头所示。

（2）单向街道和单向街道交替

参看图80，两条单向街道十字交叉。

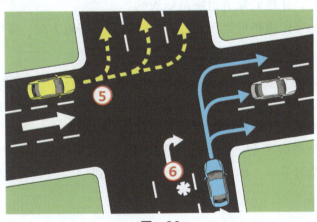

图 80

图80中的⑤，从单向街道左转进入单向街道。从最左侧车道开始转弯，当心你的车辆和路边之间可能有骑车人，因为他也可以合法地使用左转弯车道左转。如箭头所示，在安全的前提下可转入任何车道。

图80中的⑥，从单向街道右转进入单向街道。从最右侧车道开始转弯，在安全的前提下，可以转入任何车道，如箭头所示。有时，路面的标记"*"表示允许从另一条车道右转。

3. 遇到沿错误方向驾车的驾驶人

在单向街道上驾驶时，有时会遇到沿错误方向行驶的车辆——有车辆向你迎面驶来。此时，应减速，向车道右侧移动和按响喇叭。如有时间，可闪亮前照灯或挥动手臂，提醒犯错误的驾驶人。

第七节　保护他人

在城市交通环境驾驶，除了注意其他车辆外，还要准备好保护其他道路使用者，如行人和骑车人。因为，你的车辆比他们大、重和快，为防止冲突，你应承担主要责任。许多行人不会驾车，不知道你所面对的问题，于是他们可能作出错误动作和引发伤害双方的危险。

一、行人

有关交通事故的统计资料表明：年龄小于15岁的少年儿童和年龄大于45岁的中老年人，占交通事故死亡总数的64%。这是因为，儿童一时冲动的行为和不假思索地跑进街道，老年人因视力和听力的衰退而不能很快地避让车辆。

绝不要以为行人将避让车辆。在某些情况下，你可能必须停车让行人安全跨过街道。挥动你的手，让他们知道道路是畅通的。

了解在哪些地方你预料可能看到行人。当逼近这些地方时，要特别提高警惕。

1. 人行横道和交叉路口

许多行人，以为驾驶人将让出先行权，给在人行横道内的任何人。他们认识不到，逼近交叉路口的驾驶人，必须搜寻各种各样的危险。驾驶人可能没注意到在人行横道内或一个不遵守交通规则乱穿交叉路口的人。

行人有时是站在街道上，而不是站在街缘。他们可能没有预告，就匆忙地横跨街道。即使你能及时停车，你后面的驾驶人却做不到。

2. 转弯的拐角

在用交通信号灯控制的交叉路口，绿灯允许行人横过街道。然而，它也允许车辆做越过人行横道的右转弯和左转弯。驾驶人在交叉路口转弯时，可能因有过街的行人而被迫突然地停车。当做右转弯和左转弯时，把先行权让给行人，因为过街的行人常常不注意转弯的车辆。

3. 商业区

在商业区的交叉路口和人行横道上，常常有很大的交通量。许多行人以为驾驶人将会把先行权让给行人，而驾驶人往往更注意的是信号灯和其他车辆，以至没有看到行人，从而导致涉及行人的碰撞时有发生。

4. 胡同和车库

当你驶近胡同或车库出口时，城市中常见的大建筑物可能挡住你的视线，看不到出口，如图 81 所示。

这时，轻按喇叭，告诉行人你在这里。

当从胡同或车库驶出时，在跨越人行横道前停车，让先行权给行人。在进入街道前，再次停车让行。

图 81

5. 学校区

在距离学校 150 米范围内，车速不宜超过 30 千米/时。特别是当学校周围没有围墙、儿童在户外活动时，你更不能超过 30 千米/时，因为可能会有儿童突然闯入街道。

在上学、放学时间，特别要注意观察：骑车人和行人；学校大门附近维护交通安全的工作人员；停着的校车及上下车的儿童。在保证安全的前提下，减速行驶。

二、骑车人

在城市交通中，骑车人和汽车驾驶人享有同等的权利和责任。自行车是正常的交通车流的一部分，有权与其他道路使用者共用道路，也有义务和责任像其他道路使用者一样遵守交通规则。然而无情的现实：一是骑自行车者违反交通法规导致的交通事故时有发生；二是骑车人和汽车驾驶人相比，是"弱势群体"。自行车又小又轻又慢，毫无保护骑车人的能力，特别是只有两个车轮，骑车人极有可能失去平衡和摔倒。

作为防御型驾驶人，面对现实应采取的战术是，既要识别、应对骑车人违规行为带来的危险，又要尽量保护骑自行车者。

1. 违反交通规则的骑车人

大多数骑车人都遵守交通规则，但也有少数例外：

1）面对停车标志、让行标志和红灯，都不停车。

2）转弯不发信号和不走该走的转弯车道。骑车人的转弯车道和汽车转弯车道相同，如图 82 所示。

3）从胡同或侧街冲出，突然骑上街道。

如果你遇到这样的骑车人，准备减速和停车，因为他们甚至根本就没有看到你。

4）不在街道右侧骑行，而走左侧。

规则要求，在双向街道，自行车必须和车道内车流方向相同，尽量靠近右侧路

 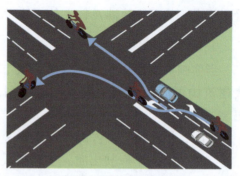

a）无转弯车道的交叉路口　　　　b）有转弯车道的交叉路口

图 82

缘石或路边行驶。如果你遇见在左侧骑行人，提前减速，让迎面来车和自行车相会后，再小心地超过自行车。千万不要在你和迎面来车会车时，骑车人被夹在中间，那是很危险的。

2. 保护骑车人

作为汽车驾驶人，只有给骑车人额外的空间。有些骑车人，可能不能很好地控制自行车。当跟随自行车前行时，意识到他们可能走的路径。铁轨、排水孔、坑洼、泥浆和其他的道路危险，都可能引起骑车人突然改变方向，进入你的行驶通道。

当遇到骑车人时，不间断地使用"三步法"。扫描、识别的区域宽度，扩展到道路的两侧和人行道，力求在你的视觉搜索模式中，建立一个特别的认知对象——骑车人以及他们可能的位置。让出更多的时间和空间，以便他们改变想要的行驶通道。

为了防止和骑车人发生冲突，记住以下要点：

1）在双向两车道上，超过骑车人。在骑车人后面向左移动，在车辆和自行车之间应该有至少半个车道宽的距离，如图83所示。

图 83

2）当必要时，轻按喇叭，提醒骑车人近旁有汽车。

3）提前发出信号，表明意图。当你驶向路边时，在你后面的骑车人不知你要右转弯或停车，只看到你封闭了他的通道。此时，应提前打开右转向灯。

4）通过调整你的位置，让其他人都能看到骑车人。在夜晚，使用近光灯或短时间闪亮远光灯，帮助他人看到骑车人。

5）在打开临街车门前，察看有无骑车人经过。

6）车后有骑车人跟随时，在减速、停车和转向时要提前发出信号。

三、停车场

对于驾驶人、骑车人和行人来说，停车场是一个高危险区域。和许多位于居住区的街道一样，停车场有时被用来作为娱乐场地。即使驾驶人是低速驾驶，骑车人或踩滑板者也能引起碰撞。许多损坏财产的碰撞和伤害，发生在停车场，尽管当时速度很低。当你下车后，作为一个行人在停车场，你要注意停驻车辆的制动灯光和倒车灯光。

遵循这些规则，将降低你在停车场驾驶时的危险：

1）服从停车场的速度限制。

2）按路面箭头标志的车流路线行驶，不要对角地跨过停车场边界驾驶。

3）警惕行人、骑车人、踩滑板者和滑旱冰鞋者。

4）避开太窄的停车位，避开尽头停车位。

5）驾驶进入车位到足够远的位置，以免车的尾部或前部伸入运动车辆的车道。

6）给你的车辆在车位内正确定位。

7）适当地固定好车辆。

8）当倒车离开停驻车位时，连续地扫视各个方向。如果有大车阻挡视线，在倒出前轻按喇叭。

9）提防那些正在倒出和可能看不见你的车辆。如图 84 所示，B 车正在倒车，A 车也已倒出，但货车挡住两车驾驶人的视线，互相看不见对方。如果大意，就有冲突危险。

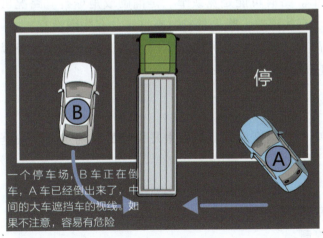

图 84

第八章 公路驾驶

公路运输系统,是一个庞大的系统,由城市地区的街道路网和连接各个城市、目的地(景点等)的公路网组成。本章讲述防御型驾驶战略在乡村地区公路驾驶时的应用,即防御型驾驶技巧(战术)。

在宽敞、空旷的公路上驾驶,看起来似乎比在拥挤、喧嚣的城市道路上驾驶更安全。然而,统计数据表明:发生在公路上的交通事故中的死亡人数几乎是发生在城市交通事故中的死亡人数的2倍。直接的原因有:一是较高的行车速度,碰撞对人的伤害更严重;二是紧急医疗救助不能很快到达现场。因此,在公路上驾驶,不能掉以轻心。

第一节 公路交通特点

分布在乡村地区的公路,在全国总的公路网络中占有很大比例。例如,美国车行道总里程数的82%是乡村地区公路。由于乡村地区公路量大面广,和城市交通比较,除了空间开阔、交通量小外,还有许多特点是需要"知己知彼"的。

一、道路

公路类型有很大的变化。道路表面有铺砌路面、砾石路面或沙土路面。车道宽度有的宽、有的窄。路肩可能是宽或窄、是铺砌或是砾石。路况可能平滑良好,也有可能坑洼遍布。有些道路,晚上驾驶时有灯光,有些则没有。

在不长的距离内,道路状况可能发生很大的变化。你必须警惕,尽早地识别问题和做好准备,应对道路状况的变化。

二、速度

在公路驾驶中,比速度更重要的因素是没有的。确定一个安全速度,对于安全驾驶,至关重要。因为速度会影响:

- 你的视线。
- 你的停车距离。
- 你的车辆控制。

- 在一场碰撞中破坏和伤害的程度。

有些公路上，立有最大速度限制的交通标志牌（例如：同方向只有一条车道的公路最大速度限制 70 千米/时）；有些险峻的路段，也立有速度限制标志牌（例如：急弯、陡坡、窄桥等，最大速度限制 30 千米/时）。当你在这些公路上驾驶时，选择速度当然要按照标志牌上的规定，但要清醒地意识到标志牌上的速度和你要选定的安全速度是有差别的。标志牌上的速度，是在理想的条件下允许的最大速度。当条件不理想时，只能使用比最大速度小的安全速度。所谓不理想的条件主要指三个方面：不利的气候条件、其他道路使用者的状况、你自身和你的车辆的"健康"状况。

公路速度限制，通常比城市速度限制高。例如，上面提到过的同方向只有一条车道的最大速度限制，公路是 70 千米/时，而城市道路是 50 千米/时；没有中心线的道路的最大速度限制，城市是 30 千米/时，公路是 40 千米/时。因此，一般而言，公路上可以较高的速度行驶，可以缩短行驶时间和减少燃料消耗。

但是，以较高的速度行驶，会增大你的碰撞概率。你行驶的越快，你拥有的完成三步法的时间越短。这就要求你学会和掌握在高速时应用三步法的技巧来控制危险的水平。

三、"三步法"的应用

1. 识别危险

在较高的速度下行驶，你必须识别比低速时前方更远处的危险，因为你会更快地到达危险点。当你专心于看更远的前方时，你的眼球运动次数减少，你需要扫视前方全部区域。

越早看到危险的征兆，并预测出危险发生的空间、时间点，就有越多的时间完成后两步：决定对策和执行决定。

2. 决定对策

必须在情势变成危急之前，在还有充足时间的时候，及早地决定对策。

3. 执行决定

为了能在恰当的时间执行决定——安全地实施机动动作，你必须及早地识别危险、决定对策。

你要有"执行决定"不成功的危机感！因为，以较高的速度驾驶时，控制汽车更困难。你可能因没能及时地停车或转向导致碰撞，也可能因猛烈制动或急剧转向引起打滑和完全失控。

以安全速度驾驶，这是所有交通环境中最重要的防御。只有在安全速度下，你才能及时停车，避免冲突。

四、交通控制

和城市驾驶一样,交通控制帮助驾驶人安全地行驶在乡村地区公路上。在公路上驾驶,你会遇到一些在城市交通中很少看到的交通标志牌、交通信号灯和道路标记,它们给你提供前方以下5个方面的信息和警告:

1)驾驶人还不能识别的危险地点。
2)高速运行的火车横跨交通的地方。
3)前方较大的交叉路口。
4)异乎寻常的和想象不到的公路特征,如急弯、横跨公路的动物等。
5)车道变窄,如绕过施工区的小路或车道终结。

当接近山的顶峰时,准备停车,一个有价值的停车标志,如图85所示。

图 85

五、公路视觉搜索模式

在公路驾驶,好像总是安静和单调的。驾驶人可能会被麻痹,甚至错误地认为他们不必为安全操心。

作为防御型驾驶人,要时刻保持警惕!还记得在第五章"用眼驾驶"中叙述过的"有序的视觉搜索模式"吗?建立你的公路视觉搜索模式并反复练习,及时识别危险,应用三步法化解问题。

1)仔细察看你的汽车前方,识别在前方远处的危险线索,如图86所示。

图86中,示出正驶下坡道的汽车和前方被树木、房舍遮蔽的许多私家车道,从这些车道随时可能冲出一辆汽车。

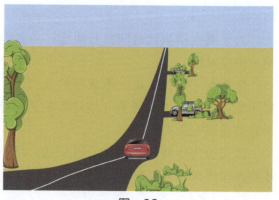

图 86

尽可能地观察驾驶场景，目的是尽早地识别出可能变成问题的线索。

2）扫视两侧。当你注意远处遮蔽的私家车库时，预料车辆可能从那里驶出，封闭你的通道。

3）每隔4~7秒，扫视后视镜，看看后面的驾驶人是否变成危险的尾随者或开始超越你。

4）在你对前方做过一次全景扫视，判定没有立即的危险后，察看你的车速表和仪表板警告灯。

5）在短暂的转移目光后，恢复对前方道路的注意。只有在你确信前方情况是稳定的时候，视线才能离开前方场景，快速扫视其他地方。

六．路边的危险

乡村地区公路（特别是那些老旧的狭窄的和车流量很少的路）旁边一般存在危险。

所有的公路，在路肩立有交通标志牌杆，这些标志牌杆可能距铺砌的公路很近和在紧急情况下阻挡你使用路肩。护轨和桥的栏杆，可能是失效、危险的；路肩可能是粗糙、狭窄的；排水沟可能很深。

路边的加油站、餐馆、生活区的出入口处，总是可能发生冲突的地点，需要提高警惕。减速驶出公路的车辆和试图再进入公路的车辆，给其他的驾驶人带来问题。一个驾驶人在最后一秒突然决定在路边空间停车是特别危险的。

树林、灌木或扫雪机堆起的或风吹成的雪堆，会形成视线限制。想要进入公路的驾驶人，可能不能充分地看清交通车流，他们可能驶出、进入或横着穿过你的行驶通道。

第二节　在公路上驾驶

单向行驶的道路，只存在于城市公路网中。乡村地区的公路，都是双向行驶的公路，而且其中的大多数是双车道公路，也就是同一方向仅有一条车道。因此，本节用较大篇幅，叙述在双车道公路上的驾驶技能——防御型驾驶战术。

一、在双车道公路上驾驶

双黄线表明该公路是双向行驶，即每个方向一条车道。如果黄色虚线靠近你的车道一侧，你可以越过中线超车；如果是两条黄色实线，表示不能越过中线实现超车，除非遇到下列情况：左转驶出公路，进入私家车道、其他车道；所在一侧前方道路封闭。如果是两组双黄实线且两组黄线之间的距离至少0.5米以上，则应视作实物障碍。切勿在该障碍区穿越、左转或回转，除非在障碍区的指定开口处，如图87中的B。

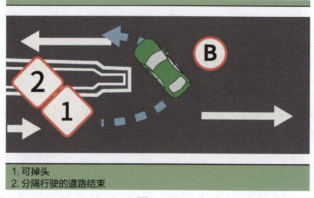

1. 可掉头
2. 分隔行驶的道路结束

图 87

正如本章开篇所述，乡村地区公路中有许多车流量很小的老旧公路，没有或很少有交通标志和标线。

1. 三种危险的路况

在双车道公路驾驶，常遇到三种危险路况：弯道、坡道和交叉路口。作为防御型驾驶人，应当知道它们的特点和应对技巧。

（1）弯道

乡村地区公路，一般是有许多弯路。而高速行驶的车辆在弯道上，承受很大的离心力，极易发生侧翻；承受的侧向力增大超过侧向附着力，会引起侧滑。因此，在美国的双车道公路上，常常有急弯警告标志牌设置在弯道入口前约100~200米处，如图88所示。

如果弯道转向很急，还有一个推荐

图 88

速度标志牌附在警告标志牌下面。标志牌上所示速度（图88中是10英里/时，相当于16千米/时），是在理想气象条件下推荐给驾驶人的弯道最大安全速度值。

当你接近弯道时，采用以下步骤：

1）做跨过弯道的快速扫视，识别迎面驶来的交通情况。警惕任何可能的迎面来车高速进入弯道和越过中线进入你的车道，你可能被迫走向道路边缘。

2）察看后区，是否有紧跟尾随的车辆，阻碍你减速。

3）保持正确的车道位置。

4）在你转动方向盘进入弯道前，评估弯道方向变化的急剧程度，轻踩制动踏板降至适当的速度。推荐速度标志将告诉你速度低到多少。

5）以适当的低速进入弯道，在通过弯道终点后轻柔地加速。

6）驶过弯道后，评估你的新目标区和搜索区域变化，重新加速到适当的速度。

（2）坡道

和弯道不一样，坡道没有警告标志牌，除非是特别陡或特别长的坡道。

1）坡道限制了你的视线，当你接近坡顶时，你的可视距离变短，你看不到翻过坡顶后前方的区域变化。这时，减低速度，当你能登上坡顶后可适应迎面交通情况采取适当的机动动作，甚至停车。

2）两车道公路的上坡路段通常是"禁止超车"区域，因为你看得不够远。

（3）交叉路口

双车道公路交叉路口有很大的不同。繁忙的双车道公路交叉路口，可能有交通信号灯控制。驾驶人必须在远处识别信号灯颜色，并预测到达时灯光的颜色。如果远看灯光是红的，可调整速度，以便到达时灯光变绿。

大多数常见的交叉路口，是一条小的支道横跨较繁忙的干道。在支道，常常有停车标志牌。当你在干道驾驶时，留心从支道进入干道的车辆，预测处在支道的汽车驾驶人可能判断车距错误，以致从支道驶出时恰好封闭你的前区并与你的车相撞。

慢速移动车辆，如联合收割机、拖拉机等慢速移动车辆从支道进入干道后，它们不可能很快的提高到干道速度、甚至完全达不到，它们的最大移动速度常常是25~40千米/时。如果你看见慢速移动的车辆进入干道，要尽可能早地从远处识别。那些车辆的后面，有橘红色三角形标志将帮助你快速识别，如图89所示。

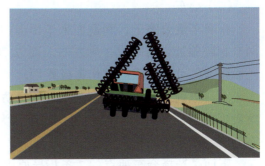

图 89

尽快地决定在何处、何时超车——超过它。因为，你的车将很快逼近低速移动车辆，准备变更车道超车，前提是迎面没有车辆驶来。你可能发现你的通道较窄，因慢速移动车辆占去了大半个车道，在超车前先减速。

2. 跟车和会车

公路上的行车速度比城市街道要快。《中华人民共和国道路交通安全法实施条例》规定："同方向只有一条机动车道的道路，城市道路为50千米/时，公路为70千米/时。"有些地方，有些时间，实际上达到80~90千米/时。在高速场景下，潜在的危险很快能发展成现实的冲突，而且冲突的后果比低速时严重。在双车道公路上的跟车和会车，危险在哪里？如何化解？下面分别叙述。

（1）跟车

建立和保持至少 3 秒的跟车距离是很重要的。在正常的条件下，3 秒的跟车距离能供给你空间和时间预防冲突。但在下列情况，你需要有 4 秒或更大的跟车距离：

1）被其他车辆紧跟尾随。

2）在一个很陡的下坡坡道上。

3）正跟随着摩托车。

4）正跟随着犁式扫雪机。

5）拖着负载的挂车。

6）正跟随着大型车辆（货车、房车或公共汽车）。

7）在湿滑的道路上。

保持至少 3 秒的跟车距离，给你一个开放的前区，这将帮助你抑制其他驾驶人的危险动作，避免受到影响。例如，当你后面的驾驶人跟随太近，你制动就可能引起他从后面撞你时，你可以：一是向右上到路肩，这是紧急情况下的"逃逸路线"；二是寻找机会，减速、移位帮助他超过你。

如果有车辆插进你的 3 秒跟车距离内，退后直到你和该车之间有 3 秒的跟车距离。

（2）会车

在双车道公路上，和迎面来车相会，可能是危险的。和迎面驶来的车辆相会时，两车相距很近，有时仅 1 米左右。而以 70 千米／时的车速相向而行的车辆，如发生正面碰撞，可能导致严重伤害或死亡。

当你识别到有车辆迎面驶来时，提防在会车时迎面来车的问题以及自己的问题。察看你的右前区有无视线限制及能否作为备用行驶通道。选择会车的地点，特别是在老旧、狭窄的两车道公路上。

下面是选择会车地点的 3 条指导原则：

1）会车的地点只存在一个问题，即两个面对面的驾驶人互相从旁边通过的问题。在会车的地点，不应有其他危险，例如图 90 中停驻在路边的车或图 91 中的窄桥。

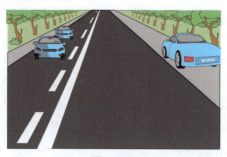

图 90

图 91

如果停驻的车是在你的一侧路边,迎面来车驾驶人可能没注意到它而保持原有速度行驶,你必须减速或加速避免在停驻车附近会车。按图90所示的情况,应当减速让迎面来车和你会车后,再加速超过路边停驻的车;按图91所示情况,应当减速让迎面来车先过桥,然后再会车。

2)会车的地点,应当有可利用的最大空间。如果你是在狭窄的公路上,会车的地点应有开放的右前区,有足够大的突然改变方向的空间,还应避开铺砌路面边缘破坏的地点。如果公路窄到不容两辆车正常相会,应驶出路面和停车,让迎面车辆通过后再行进。

3)如果你是和一长串的车辆相会,使你的车在靠近车道右边缘位置行驶,如图92所示。

图 92

让你的车被更多的驾驶人看见,可打开你的前照灯,使他们更容易看到你。几乎在一长串的车辆中,总有一些焦急的驾驶人力图进入长串的前位,你要密切注意不顾迎面来车、越过中线实行超车的驾驶人。

4)在坡顶会车危险。当你的车接近坡顶时,你的可视距离变短。迎面驶来的一位急于超车的驾驶人,可能在坡顶进入你的车道,你要有向右快速转向的思想准备。

在双车道公路驾驶中,常遇到越过中线的问题。既有迎面来车的驾驶人,也有你自己。越过中线的原因:

- 车胎爆裂、碰撞或因避让路上的坑洼或碎石突然转向。
- 预料不到的牵引力丧失,由于冰、雪、雨或泥等因素。
- 精力不集中,心不在焉。
- 因酒精、毒品或药物引起的健康受损。
- 由于生病或疲劳引起的驾驶能力丧失。
- 车辆故障。

(3)会低速运动的车辆 当你看见一辆低速行驶的车辆或停着的车辆在你的左前区,察看在它的后面是否有正在逼近打算超车的车辆,这个超车的驾驶人可能没有看到你驶来和绕过低速车辆进入你的车道。使用三步法,为应对这个识别出的危险,决定对策和执行决定:移动到最右侧车道,察看你的右前区,如有必要可临时驶上路肩;如无开放的右前区,提前制动为你自己和那个超车的驾驶人建立空间。

（4）在夜晚会车　夜晚会车的首要问题，是汽车的前照灯光会使驾驶人的眼睛暂时性失明。"用眼驾驶"是防御型驾驶四大战略之一，容不得"失明"，即使是暂时性的。作为防御型驾驶人，在夜晚会车时既要保护自己，又不能伤害其他驾驶人。

（5）如何保护自己？

1）夜晚驾驶要减慢车速，因为你的可视距离受灯光限制变短，当你看到前方险情时，可用于停车的时间和空间已经很少，所以应确保在灯光照射距离内停车。

2）保持你的风窗玻璃清洁，以便你能认知远处的车辆。

3）不要直视迎面来车的灯光，而是用眼角余光观察迎面驶过的车辆；注视你所在车道的右侧边缘，那里常有一条白实线，有助于你保持在车道中位置。

4）在你驶离光线明亮的会车地点时，应缓慢驾驶，直到你的眼睛适应了黑暗。

（6）如何不伤害其他驾驶人？

1）在夜间，越过坡顶的前照灯光能警告你正在驶近的车辆。如果你现在用的是远光灯，将它变换成近光灯。任何时候，在迎面来车的150米距离内，不要使用远光灯，以免影响其他驾驶人的视线。

2）如果迎面来车驾驶人仍使用远光灯，切勿使用你的远光灯"回敬"。如果这样，双方都会看不清楚对方。

3）作为防御型驾驶人，要意识到有些驾驶人夜间视觉可能很弱。当夜间会车时，除减速和使用近光灯外，做好准备为避免冲突实施逃避动作。

3. 超车和被超车

在双车道公路上超车，要比在多车道公路上超车承受更高水平的风险。因为，当你在双车道公路上实施超车动作时，你将在短时间内和迎面交通处在同一车道，但方向相反。应用三步法，可帮助你降低风险水平。

（1）超车

超过另一车辆，实际上是三个步骤：决定超车、准备超车和执行超车。

第一步，决定超车

在你超过另一车辆前，评估你的情况。问你自己下面3个问题：

- 超车值得吗？
- 超车合法吗？
- 超车安全吗？

只有对所有这些问题，都肯定回答"是"的时候，你才考虑超车。安全超车的主要责任属于实施超车的驾驶人。

第二步，准备超车

当准备超车时，采取下列步骤：

1）当你发现你的前区正接近小于 3 秒距离时，要探明原因：是前面的车辆速度减低到标明的速度限制以下吗？它可能是准备转弯吗？如果是，取消和放弃超车。如果情况表明，前面车辆的速度比你的速度至少低 15 千米 / 时，你确认超车对你是有利的，准备超车步骤继续。

2）检查前方的路面标记和交通标志，确认超车是在合法的区域。

3）再次确认超车适当。检验其他你不应当超车的理由，例如前方的可视距离足够远吗？你可能必须移动车道，以求得到最佳视野，判定超车是否安全。

4）检查前方道路表面的牵引力情况。当牵引力差（路面附着系数小）时，为安全地超车需要一段较长的距离。在这样的条件下，切忌在变更车道的时候快速地加速，因为存在车轮自旋或打滑的危险。加速必须缓慢、柔和。如果道路表面牵引力情况很差，应放弃超车。

5）检查前面道路的路肩和侧面的情况，有无任何危险可能引起你正要超过的车辆突然向左转向。

6）检查前车的前面，察看是否有足够的空间让你超车后返回你的车道。

7）察看你的后视镜，是否有正快速逼近的车辆。如果有另一辆车打算超过你，延迟你的超车。

8）过你的左肩扫视，确认在你的盲区没有车辆。

9）再次检查迎面交通车道，确信没有车辆驶近和有足够空间让你安全地超车。任何驶近的车辆，必须是在至少 20~30 秒距离远。按车速为 70 千米 / 时计算，为 380~570 米。因为，你需要 10~15 秒距离（190~285 米）完成超车，而在 10~15 秒时间内，迎面驶来的车辆也会行驶同样的距离，所以需要 20~30 秒距离。如果有怀疑，不要超车。

10）检查前方的私家车道和支路，确信没有车辆驶出进入公路。

在完成所有必要的检查，确认你的左前区（用作通道）是开放和畅通后，你可以准备超车。如果不是，发现新的问题，减速和保持 3 秒跟车距离，然后重新开始准备超车步骤。随着时间的推移，这些步骤将变成你的正常驾驶行为的一部分。

第三步，执行超车

在双车道公路上超车，按照以下步骤：

- 保持 3 秒跟车距离，进入准备超车位置，如图 93a 所示。
- 如果超车是安全和畅通的，发出信号：轻按喇叭，告知前面的驾驶人，你将要超车；如在夜间行驶，可通过调节灯光——"近光→远光→近光"，发出超车信号。
- 发出变换进入左侧车道的信号，并过左肩检查盲区。
- 平滑地变更车道，如图 93b 所示。
- 取消信号。

- 加速，至少比你正在超过的车辆快 15 千米/时。需要注意的是，加速、超车必须在速度限制范围内。
- 如果前方出现任何意料不到的问题，正在超车的驾驶人仍然可以撤回和返回到右边车道。如果一切畅通，继续加速到适当的速度，如图 93c 所示。
- 维持你的速度和保持在左侧车道，直到你能在车内后视镜中看见被超车辆的两个前照灯，如图 93d 所示。

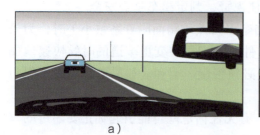
a)

b)

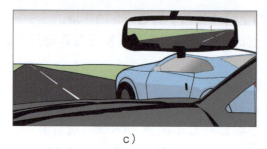
c)

d)

图 93

- 发变更到右车道信号，再次察看后视镜和过右肩扫视盲区。
- 平滑地回到右车道。在返回时，注意不要减速。
- 取消信号，调节车辆的速度及在车道中的位置。

如果你要超过的是一辆大型货车，你将需要更长的时间和更大的空间，确保至少有 30 秒距离的净空是个好主意。

（2）被超车

安全超车的主要责任，落在超车驾驶人肩上，然而被超车驾驶人也负有一定的责任。

被超车的驾驶人，应当意识到另一辆车正在超车，即使它没有按喇叭或闪亮前照灯光发出警告信号。在正常的扫视后视镜中，看是否有从后面正在逼近的车辆。在被超车时，故意提高车速是非法的。保持在最右侧车道，有助于超车驾驶人更好地看前面和给他更大的缓冲空间。

确定超车驾驶人为完成超车是否需要帮助。如果超车驾驶人完成超车有困难时，通过减速帮助他；如果超车驾驶人决定撤回和不超车，你应当加速一点，扩大后面的空间。

（3）禁止超车

在许多地段，超车是禁止的。禁止超车的路段，地面常常用黄色实线标记。禁止超车交通标志牌立在道路右侧，如图94所示，表示前方为禁止超车路段的起点。禁止超车路段结束时，还有一个解除禁止超车的标志牌，如图95所示。

图 94　　　　图 95

在下列条件下，超车是非法的和不安全的：

- 你的视线受到限制，向前的可视距离短。
- 空间狭窄，你的前区是封闭的。
- 横跨交通存在，即使没有禁令标志和黄色实线。

常见的符合这些条件、禁止超车的地点如下：

1）在上坡的路段禁止超车。参看图96，在坡顶前210~300米范围内禁止超车。像图96中的黄车驾驶人，他不能及时看见迎面驶来的交通就超车，导致碰撞。除非个别陡坡和山地，设有专用的上坡超车通道。在能见度良好的下坡路段，超车是合法的。

2）在交叉路口禁止超车。在交叉路口前30米范围内，超车是非法的。接近交叉路口时要求减速，而超车要求保持速度，甚至加速。在交叉路口超车是危险的，因为来自横行道路的驾驶人可能转弯进入你的车道，如图97所示。

 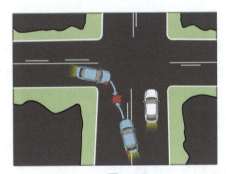

图 96　　　　　　　图 97

3）在桥洞禁止超车。在桥洞前30米范围内，超车是非法的。地下过道或桥洞可能中断了路肩，如图98所示。在紧急情况下，你或被你超过的汽车可能需要使用路肩。

4）弯道禁止超车。在弯道超车是非法的。驾驶人没有足够的可视距离看弯道周围。图99中左下方的驾驶人看不见前方迎面驶来的车辆。保持在你自己的车道（另一弯道）内，以便不成为迎面交通的障碍。

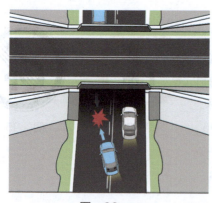 

图 98　　　　　　　　　　　　图 99

5）其他禁止超车的情况：

- 在铁路道口前 30 米范围内。
- 当道路表面湿滑时。
- 在禁止超车路段开始前，你不能完成超车时。
- 当前面车辆正以接近速度限制的速度行驶时。
- 当你的视线受到雾、雪或雨限制时。
- 当你前面的车辆不是一辆，而是几辆时。
- 当迎面交通车流稠密时。
- 当你打算停车或立刻转弯时。

二、在多车道公路上驾驶

不是所有的乡村地区公路都是双车道公路，也有四车道或多车道公路。然而，多车道公路有许多双车道公路的特征，例如较高的速度和大大小小的交叉路口。有些交叉路口，可能是双车道公路和四车道公路交叉，另一些可能是两条大的多车道公路交叉，更多的是两条双车道公路交叉。

货车、拖拉机、自行车和行人是共同的道路使用者。

1. 路况和车道选择

多车道公路的道路状况大体上分为两种类型：有中线的多车道公路和有分隔的多车道公路。

有中线的多车道公路和双车道公路相似，仅用两根黄色实线作中线，分隔运动方向相反的高速车流；和双车道公路不同的是，同一方向有多条车道。同样规定，驾驶人跨过中线——黄色双实线驾驶是非法，除非左转弯离开公路或为了避开堵塞通道的障碍物。只有在中线右侧你所在的多车道内超车，才是合法的。

有分隔的多车道公路，两个方向的交通是用中央条形带或栏杆分隔，如图 100

所示。

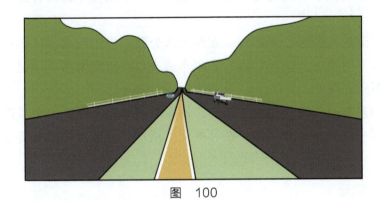

图 100

当你要横跨多车道公路时，跨过每一半如同跨过单向行驶的街道一样。如果一个足够大的交叉点区域存在（图101），当跨过第一个一半后，在交叉点区域停车，寻找、等候足够大的间隙，跨过第二个一半，你将左转或右转，像进入高速单向行驶的城市街道那样进入多车道公路。

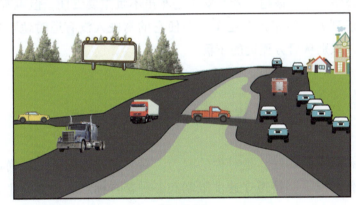

图 101

关于车道选择，驾驶人应保持在右边车道驾驶。左边靠近中线的车道，是超车道或左转弯车道。

2．进入和驶出多车道公路

（1）进入多车道公路　为了从支路进入多车道公路，转弯进入最近的车道，该车道的方向正是你要行驶的方向，并迅速地加速离开交叉路口。如果你需要另一条车道，在交叉路口畅通后立即变更车道。

1）右转弯进入。等待一个大的交通间隙，进入右边车道，然后加速达到公路速度。

2）左转弯进入。跨过公路邻近一侧所有车道，左转弯进入邻接中线、速度最快的车道。敏捷地加速到公路速度，比你右转弯时加速更快。左转弯比右转弯要求几乎多2倍的道路空间和加速能力。如果可能，选择在最快车道没有迎面交通接近的时间进入。

从私家车道进入公路，存在和从支路进入公路同样的问题。从私家车道进入比从支路进入要求有更大的间隙，因为私家车道入口没有交叉路口标记，公路上的交通可能意识不到有驾驶人的存在。

（2）驶出多车道公路 在交叉路口，从右车道做右转弯驶出多车道公路。左转弯必须从邻接中线的车道开始做。在有些交叉路口，设有专用的右转弯车道和左转弯车道。

3. 超车和被超车

在多车道公路上超车，迎面交通带来的危险是比较小的。但是，在超车前，你必须察看和你同方向的所有车道。如果你是在中间车道，检查左右两边的车道。作为准备超车的最后一步，检查超车侧的所有车道，确信没有一辆车将要从较远的车道进入超车道。你将要超过的车辆应当比你的车速慢，至少慢15~25千米/时。

和两车道公路一样，被超车者对安全超车虽不负主要责任，但也有一定责任。

你必须意识到另一辆车正在超车，即使它的驾驶人没有适时地警告你。经常检查你的后视镜，识别从后方逼近的车辆。

第三节 特殊的驾驶环境

通过山地和沙漠的驾驶，是对你的耐力、精力和技能的挑战。确定你的车辆是处在良好的工作状况，坚持遵守速度限制和各种警告标志，尤其要注意车上的测量仪表。

一、山地驾驶

山地驾驶，比平地驾驶存在更多的问题和特别的情况。在山地，驾驶人必须经常考虑重力的影响。当下坡时，重力倾向于拉汽车向下，使汽车速度加快，除非使用制动机构；当上坡时，重力降低汽车向前运动的速度。

山地公路，有许多弯道和很少平道。山地公路，常常有大量急弯的锯齿形，被称为"之"字形路线，有标志牌指示，如图102所示。

如果遇到陡坡或急弯，你可能看不清对面的情况。当接近坡道或弯道时，应减速慢行，以便在发现危险时停车。任何时候，你的视线被坡道或弯道阻挡时，你都必须假设前面有车。既然有车，就不能有超车的打算，就不能在靠近中线的左侧行驶。

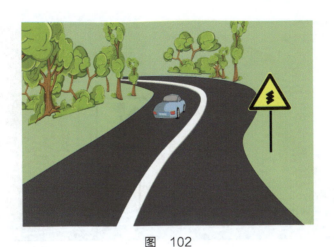

图 102

1. 驾驶上山

为了保持上坡的速度，平稳地加速是必要的。如果斜坡陡峭，手动档车型应换成低速档，自动档车型将自动换成低档。在特别陡的斜坡上，当需要特大的动力时，你可能需要手动调节自动变速器的变速杆，从正常前进档（D位）调到低速档（1位或2位）。

当你看不见弯道周围迎面交通的情况时，应减慢你的速度，移动到车道右边和按响喇叭，评估通过弯道时你的行驶通道。迎面来车可能因下坡速度增加太快而跨过中线进入你的车道。驾驶太快是导致山地公路碰撞的主要原因。

货车、房车和牵引着挂车的车辆，在上山的道路上行驶速度较慢。你没有选择，只能以比它们慢的速度跟在它们的后面并保持至少4秒的跟车距离。某些山地公路有时会有避让区域标志，如果你驾驶的是低速车辆，应驶入避让区域，让后面的车先行。有些两车道公路上的某些路段设有避让车道，如果你在两车道公路上缓慢行驶，你的车后积压了5辆甚至更多车辆，一旦遇到有避让车道的路段，你应当驶入避让车道（通常在右侧），让其他车辆先行。

2. 驾驶下山

重力使你的车越来越快地下坡，除非你能阻止它。在开始下坡之前，换到低速档。为了安全地驾驶下山，手/自动变速器的变速杆——换到低档。绝不要依靠重力滑行下坡，因为车辆将加速，你可能失去对车辆控制。

偶尔地使用制动机构调节你的速度，不要长时间地使用制动机构，因为这样能使它过热和失去制动力。如果你频繁制动、降低车速和换到下一级低速档，变速器将会帮助你减速，不再需要那么多的制动。最终，保持你的速度低到能稳定在车道位置，最终控制住你的车辆。

大型货车下坡经常出现速度控制问题，某些山地公路设有失控车辆避险车道，如图103所示。

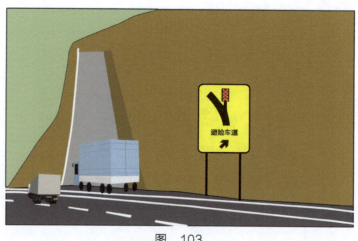

图 103

货车等大型车辆，沿着一个较长且陡的坡道向下行驶时，可能演变成制动失效问题。避险车道，为那些制动失效的大型车辆特别是货车提供一个上坡减速坡道，让它们安全地驶出交通车流并迅速停车。

在驾车下山途中，遇见迎面驶来的上山的车辆，如果会车路段又窄又陡，不容两辆车正常会车通过。此时，下山的车辆应后退，让上山的车辆通过。

3. 山区的天气

雾、雪和冰，能使山地驾驶更困难。某些山地公路，在冬季被雪困住，通过这样的山地公路的驾驶人可能被要求使用轮胎防滑链。山区的天气状况可能随时突然变化，如果天气变坏，可打公路部门或当地公安交管局的热线电话求助。把你的收音机调到为旅行者提供气象和路况信息的频道。有时，可到当地的旅客咨询服务中心作短暂停留，询问和收集有关出行信息。

4. 海拔对驾驶人的影响

高的海拔可能影响驾驶人，引起呼吸短促、心跳加快和头疼。在高原山区，较低的氧含量浓度能引起瞌睡，对于疲倦的驾驶人，这种影响可能是很坏的。如果你感觉到这些影响或疲倦，立即停止驾驶；如果你是和几个人一起旅行，可换其他人驾车。

5. 海拔对车辆的影响

稀薄空气，会影响你发动机的功率。爬坡动力减小，加速会变得缓慢，在散热器中冷却液的温度可能大幅增高并引起过热。如果空调是开着的，应立即关闭。

频繁地检查仪表和信号灯。如果温度信号灯亮或仪表指示过热，应安全地驶离公路，停车让发动机冷却。另一个冷却发动机的方式，就是打开加热器，有助于转移一些积聚在发动机上的热量。

当车辆在山地行驶时，发动机可能变得很热。当你关停发动机时，在靠近热发动机的燃油管道中的汽油将蒸发，这个就是"气塞"。因为气态燃料不能泵入发动机，发动机将不能起动。这时，应让发动机继续冷却，过一会儿再尝试重新起动。

二、沙漠驾驶

沙漠比大多数驾驶人想象的要更大和更热。沙漠驾驶，对于驾驶人、车辆和道路来说，都是困难的。

1）沙漠对驾驶人的影响。白天的酷热，在长途驾驶时能产生很大压力加在驾驶人身上，即使是在有空调的很舒适的汽车上。千篇一律的景色，可能诱使驾驶人产生一种虚假的安全感觉。强烈的太阳眩光，使驾驶人视觉降低。为了减小炙热对沙漠驾驶的影响，你应当：

a. 戴高质量的太阳镜，有助于减小太阳眩光的影响。
b. 计划更频繁的停车和更换驾驶人。
c. 带足供人们和车辆需要的水。

2）沙漠对车辆的影响。车辆在沙漠驾驶，要求比在其他的驾驶环境更多的维修服务。

如果每天驾驶几个小时，在每次加注燃料时，检查散热器冷却液液面水平。绝不要在散热器很热时就打开散热器盖，以防蒸汽或灼热的液体灼伤你。从冷却液储液罐的刻度检查液体水平。如果必须打开散热器盖，一定要等到发动机冷却后再进行。

在每天早晨开始驾驶前，检查轮胎压力。这个压力在一天的驾驶期间将增大，但不要修正它，不要低于推荐的最低压力值。当轮胎是热的时，减小轮胎压力将引起轮胎变得更热，可能发生爆裂。

3）沙漠中的道路具有柔和的弯度和坡度。在铺筑良好的公路上，可使用较高的速度。如果道路表面变热，这热传导到轮胎，爆胎就可能发生。

看起来坚固的路肩，常常是多沙的，车轮会很快地陷入沙中。如果你需要离开铺筑路面停驻车辆，选择一块看上去坚固且有车辙表明它已被压实的地面。

4）沙尘暴。在沙漠地区，有时会发生沙尘暴，能见度降低如图104所示。

如果你遇到这样的沙尘暴，立即减速和寻找一个安全地点驶过去。关闭前照灯，打开危险警告灯，在车内等待，直到沙尘暴过去。切忌在沙尘

图 104

暴中驾驶。

如果你必须驾驶，减速到你能清晰地看见前面，使用近光灯帮助你看和被别人看到你。在沙尘暴过后，尽可能快地更换机油、机油滤清器和空气滤清器。如果来自沙尘暴中的沙粒尘土保留在你的燃油喷射系统和机油中，会引起严重的发动机磨损和破坏。

三、骤发洪水

骤发洪水，发生得很突然，有时意料不到。它们能发生在任何地方，但是在沙漠发生的骤发洪水特别危险，因为那里的地面容易被冲走。如果你遇到骤发洪水，立即寻找和驶到较高的地点，停车等待，直到洪水退下。时刻远离山区邻近小河的谷地或天然的排水区域。

四、碎石道路

碎石道路，每个地方都有。

当车辆行驶在碎石道路上时，它们留下压紧下陷的车轮轨迹，如图105所示。车轮轨迹形成一条硬的道路表面，于是在那里驾驶。在松散的碎石路面上驾驶，能引起车辆打滑。如果你必须从车轮轨迹移出，首先应该减速。

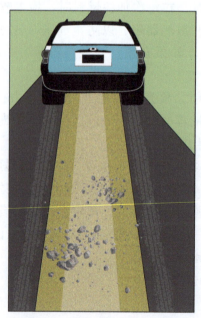

图 105

# 第九章 高速公路驾驶

1988年10月31日，我国第一条高速公路——沪嘉高速公路通车。截至2020年底，我国高速公路总里程约16万千米，建成全球最大的高速公路网。现在，省际之间和大中城市之间都有高速公路连通，重点城市和著名景区四周各有若干条辐射线路。在高速公路上驾驶，正成为人们旅行的一种流行方式。

但是，高速公路上的交通事故时有发生。而事故一旦发生，其后果则是可怕的，因此不少新驾驶人拿到驾驶证后，迟迟不敢在高速公路上驾驶。有鉴于此，本章将以较大篇幅，以防御型驾驶四大战略为指导思想，系统地剖析从进入、行驶到离开高速公路的全过程，为读者阐明在高速公路上的防御型驾驶战术。

第一节 高速公路驾驶特点

"知己知彼，百战不殆。"这是防御型驾驶四大战略之首，应用于高速公路驾驶显得尤为重要。因为，高速公路和其他公路相比是一个"新鲜事物"，还处在发展中。它的规律性及其和普通公路的异同，作为一个防御型驾驶人是必须首先要了解的。

一、高速公路的优点

高速公路运输系统和一般公路运输系统比较有哪些异同呢？它们都是全国公路运输系统的组成部分，都包括人、车、道三要素，三要素之间的关系靠交通法规及相应的交通控制系统来协调，这是它们的共同点。

它们的不同点，也就是高速公路的特点，笼统地说是全封闭、多车道、具有中央分隔带、立体交叉、控制出入、限制上路车种、安全服务设施配套齐全、专供机动车高速行驶的公路。

但从高速公路的主要优点——低危险、高速度和大流量来探讨原因，主要有以下5点：

1）交通流不发生平面交叉。
2）在方向相反的车道之间有隔离带或路障。
3）行人、非机动车和低速行驶车辆在大多数高速公路被禁止进入。

4）宽的路肩和特别宽的下穿交叉道，提供良好的逃逸通道。

5）完善的交通标志，帮助驾驶人提前了解道路前方情况。

二、高速公路立体交叉枢纽

尽管有高的速度和大的交通流量，但你在高速公路驾驶比在其他公路驾驶更安全。前面列出的5条理由中，最关键的是第1条——"交通流不发生平面交叉"。由于有了这一条，高速公路上不设红绿灯，不论你行驶多么远，你的发动机可以不停止转动，你的车可以不停地前进。靠什么实现不发生平面交叉？靠"立体交叉枢纽"，它的英文名是 Interchanges，它的俗名叫"立交桥"。立体交叉枢纽，在高速公路网络中的作用，就是车辆从上或从下跨越公路、进入公路和驶出公路的地方。

这里介绍最常用的四种类型的立体交叉枢纽。

（1）四叶形立体交叉枢纽　如图106所示，四叶形立体交叉枢纽有一组类似四叶苜蓿草外形的进入和驶出坡道，这种立体交叉枢纽使驾驶人能够行进到另一条公路上的任何方向。例如，设图106中的西南→东北向为1号公路，东南→西北向为2号公路，你现在1号公路的A点，你要通过立体交叉枢纽换到2号公路向西北方向行驶，你该如何行驶？方法就是：架空跨过2号公路后，从B点进入叶形坡道，下降到坡道出口C点进入2号公路，其他位置同理。

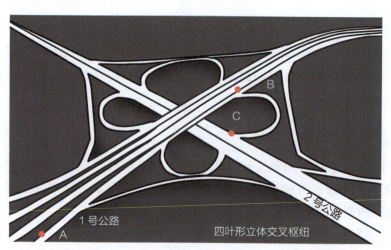

图　106

（2）菱形立体交叉枢纽　如图107所示，菱形立体交叉枢纽被使用于当一条小交通流量支路跨越一条繁忙的高速公路时。因为在不繁忙的支路上，由信号灯控制做左转弯机动容易，不需要建造成本大的四叶形立体交叉枢纽。从高速公路出来后，进入支路时可右转弯或左转弯，驶向两个方向。从支路进入高速公路向左行驶方向，需要从空中跨过高速公路后，在交叉路口处左转弯进入高速公路。

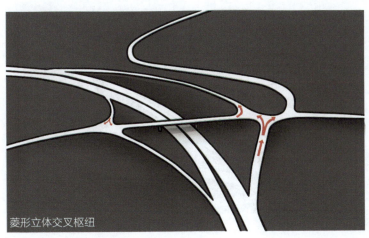

图　107

（3）喇叭形立体交叉枢纽　如图108所示，当一条支线公路和一条干线高速公路呈T形交叉时，使用喇叭形立体交叉枢纽。这个喇叭形立体交叉枢纽，能使交通进入和驶出高速公路时，不发生平面横跨交通。参看图108，从支路进入高速公路右边方向，沿右侧进入通道；若要进入高速公路左边方向，架空跨过高速公路后，从右侧出，进入喇叭形坡道，螺旋下降到高速公路右侧入口，进入高速公路左边方向。从高速公路两个方向驶出进入支路的车辆，其中一个方向驶出后，需经喇叭形坡道架空跨过高速公路后进入支路。

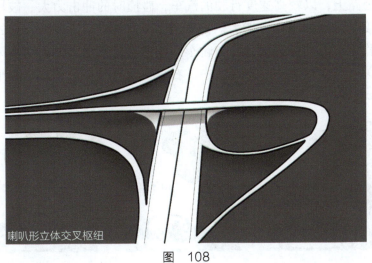

图　108

（4）全定向立体交叉枢纽　如图109所示，在具有大交通流量、复杂的交叉路口使用全定向立体交叉枢纽，它引导交通驶向多个不同的方向。其核心理念是：为避免平面交叉、左转弯必然发生的横跨交通，采用立体交叉、螺旋状坡道连接两个平面。螺旋状坡道的俯视图，可以是四叶形、菱形或喇叭形等。

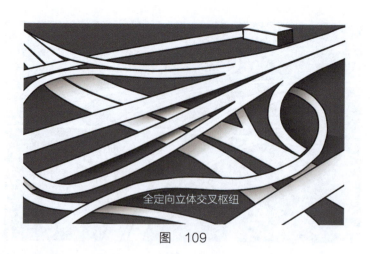

图 109

三、高速公路的"缺点"

和任何事物一样,高速公路也有两面性。得到"高速度、大流量、低危险",必然会失去一些东西。前面列举了高速公路的许多优点,那么高速公路有哪些缺点呢?站在不同的立场,会有不同的答案。

在这里,我们是从驾驶人角度,来探讨高速公路的"缺点"。

1. 碰撞后果严重

在高速公路上,以较高速度行驶的汽车,碰撞时的冲击力大、破坏性强,因为冲击力依速度增加值的二次方增大。参看图110,当轿车撞树时,它的冲击力等于树给车的反作用力。冲击力的大小与轿车的重量、轿车与树的距离和轿车速度(v)的二次方相关。当比较图110中左、中、右三种情况时,轿车重量和车树间距视为不变的常数c,冲击力$F=cv^2$。

图 110

左图 v_1=15 千米/时,冲击力 $F_1=c \times 15^2$

中图 v_2=30 千米/时,冲击力 $F_2=c \times (2 \times 15)^2$

右图 v_3=60 千米/时,冲击力 $F_3=c \times (4 \times 15)^2$

比较中图/左图:v_2/v_1=30/15=2;F_2/F_1=4

比较右图/左图：v_3/v_1=60/15=4；F_3/F_1=16

从左图变到中图，速度增加到原值的 4 倍，冲击力增加到原值的 4 倍；从左图变到右图，速度增加到原值的 4 倍，冲击力增加到原值的 16 倍。如果驾驶人处在右图图的境况，很可能就是四个字：车毁人亡！

2. 对驾驶人和车辆要求高

对驾驶人的要求，驾驶人应有的品质和能力在本书第二章"知己知彼"中已经讨论过了。但现实生活中，不合格的驾驶人随处可见。这些人确实也能在一般公路上驾驶着汽车，但是要让他们上高速公路，恐怕得掂量掂量。因有一条最基本的要求"能识别高速公路上，特别是接近立体交叉枢纽时的各种交通标志牌"，挡在他们面前。由于高速公路全封闭，不能像普通公路那样，从路旁的景观、标志物甚至天象就能识别方向和目的地，指引驾驶。在高速公路上，唯一靠交通标志牌指引驾驶人驾驶。

对车辆的更高要求，主要是指可靠性方面。在一般公路上驾驶车辆发生故障，可停在路边修车店修理；轮胎没气了，可在路边充气站加气等。在高速公路上，这些都没有，一旦发生故障、不能动了，只有呼叫拖车救援公司，费用自然就昂贵了。

其他缺点，限于篇幅，此处从略。

四、4 点忠告

应用"居安思危，思则有备，有备无患"战略于高速公路驾驶环境，提以下 4 点忠告：

（1）做好准备　为在高速公路驾驶，所做的准备应当包括一个行驶计划，不论这趟旅行的长短。对于短途旅行，要知道目的地名称、路线或者你将要使用的入口和出口的编号；对于长途旅行，计划好为饮食、加油和休息所必需的停车。尽一切努力保持警惕，经常使用三步法，时刻意识到你所在地区的交通条件。

即使是短途旅行，机械故障也可能发生。保持你自己和你的车辆都处在最佳的状态，防止在高速公路驾驶时发生意外。

（2）逐步积累经验　在你进入繁忙的高速公路正式驾驶之前，宜选择交通量小的时间和路段，练习驶入和驶出高速公路，练习变更车道的超车动作，即使无车可超。逐步积累经验，建立自信，为在繁忙紧张的高速公路环境驾驶做好准备。

（3）和其他驾驶人合作　在高速公路驾驶时，你必须以和其他车辆大约相同的速度行驶。如果太快，可能引起你经常地做超车动作；如果太慢，你会阻塞车辆的平滑流动和引发危险。因此，要在交通标志牌规定的最低和最高速度限制范围内行驶。

不论出于何种理由，向其他驾驶人挑战的行为，都应抵制和阻止。道路狂怒、极端的攻击行动，是导致在高速公路交通中发生冲突的重要因素。如果某人切断或太快地进入你的前区，平和谨慎地应对。总之，持和衷共济的心态和其他驾驶人合作，共同完成出行任务。

（4）专心于驾驶工作　交通事故在高速的情况下可能发展得很迅速，特别是在多车道公路。应集中精力驾车，绝不要忘记高速度驾驶的巨大危险。及早发现前方的问题，时刻应用三步法，许多所谓的"追尾连环碰撞"是可以避免的。

第二节　进入高速公路

在你进入高速公路之前，确信你将要使用的入口是正确的。入口都设有指路标志，标示出公路名称、路线编号、方向及在这个方向的重要城市名称。为了防止一些驾驶人错误地从出口进入高速公路，在出口立有"禁止驶入"或"错误方向"的标志牌。

如果你进入了入口通道或上了高速公路，才发现你的入口选错了，那么你不能停车、倒回，只能继续前行。在下一个出口，安全地驶出高速公路后，找到你要去的地方。

一、入口通道

高速公路的特点之一是控制进出。进入高速公路的车辆，必须通过类型不同、繁简有别的立体交叉枢纽，经过特别设计的入口通道才能进入。入口通道（图111）由三部分组成：入口坡道、加速车道和合流区域。

图　111

1. 入口坡道

说到"进入高速公路"，必然是从另一条公路——它可能是一般公路，也可能是另一条高速公路，进入这条高速公路，这就意味着两条道路交叉。而交叉点不能是平面交叉，而是立体交叉，即两条道路在交叉点分别处在不同高度。连接高低不同两个路面的通道，就是坡道。它可能是上坡，也可能是下坡进入这条高速公路。

图111中的入口坡道，只画出了尾段，前面一大段没有画出。这是因为，如果是右转弯并入高速公路，前面一大段近似直线；如果是左转弯并入高速公路，前面一大段近似螺旋形曲线，这段曲线坡道也叫"匝道"。根据立体交叉枢纽的类型和当地的地形特点，匝道的曲率半径有大有

小，长度有长有短，但各种入口坡道的尾段是相同的。

入口坡道的功能，除了在不同平面的公路间起连接作用外，它还给驾驶人时间和条件，识别高速公路的交通状况（车流速度、密度等），为进入做好准备。

信号灯：有些路段，在特定时间为控制进入高速公路的车流量，在入口坡道尾部设有计时的红、绿信号灯。绿灯行，红灯停。

2. 加速车道

加速车道通常有足够的长度，供你寻找并入的间隙和加速到高速公路上车流的速度。然而，在加速车道加速，要受在高速公路上和加速车道上两方面车流量的制约。

3. 合流区域

合流区域，是入口通道的第三部分，在这里车辆融入高速公路车流。评估在你的开放前区内为并入车流你有多少时间和空间，力求以与最近车道内车辆速度大体相等的速度并入车流。

二、进入高速公路的步骤

按照以下步骤平滑且安全地进入高速公路：

1）确信这个入口是你想要的。确信是入口坡道，确实没有红底白字的禁止标志例如"禁止驶入"。

2）在入口坡道上，警惕前后的车辆。开始通过你的左肩做快速扫视，寻找车流间隙。这个间隙应当足够大，能容纳你的车，而不会挤任何车辆，如图112a所示。提前发出信号，表明你要并入。

3）在加速车道上，逐渐提高速度到高速公路车流速度，继续过左肩做快速扫视，决定进入间隙的时间和空间，如图112b所示。

4）进入合流区域，间隙应当是很近。做一个车道变更动作，就可并入交通流。当你进入高速公路时，调整车速是关键性的。一旦你决定了进入的间隙和时间，平滑地并入，如图112c所示。

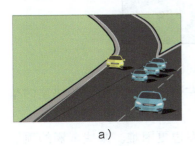
a)
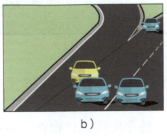
b)
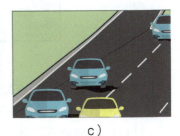
c)

图 112

5）在高速公路上，取消你的转向信号和调整到交通流的速度。保持适当的跟车距离和车辆四周的缓冲空间。

三、在进入中可能发生的问题

繁忙的交通、很短的入口坡道和加速车道，以及由于其他驾驶人的错误，可能引起并入车流困难。

在密集的车流中，发现并入的间隙是困难的。如果没有间隙，你必须在进入加速车道之前减速甚至停车。在这样的情况下，一定闪亮你的制动灯警告你后面的驾驶人。

如果在加速车道终点及合并区域，你不能并入车流。那么，向前行驶驶上路肩（紧急情况），然后你为了间隙需等待一段时间。当你看到一个安全间隙时，应很快地加速和并入车流。

在入口坡道上，你前面的车辆也可能显露出问题，特别是当它完全停车时，如图113所示。

你是图113中的黄车，前车已停（图中车后没有尾线，且停车信号灯亮表示停车）。当前车驾驶人似乎不确信将并入车流时，你应减速，给他发现间隙的时间。尽可能调节你的车速，宁可慢慢移动，也别停车。在你加速之前，确信前车驾驶人将并入。

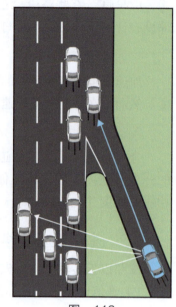

图 113

四、左侧的入口通道

某些入口通道位于高速公路左侧，如图114所示。

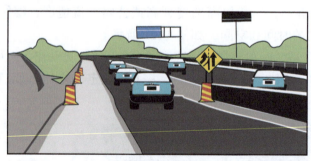

图 114

加速车道合并入高速公路中最左边的车道。由于左边的车道常用于较快速的车道，冲突的可能性比从右侧进入高速公路大。

过你的右肩检查快速运动的车流可能比检查你的左边更困难。某些车辆的顶篷支柱和头部约束装置，可能挡住你的视线，不能清晰地看迎面交通情况。你可能难于看清摩托车或小型车辆。当你寻找间隙时，应及早地发信号；看到间隙时，应加速并入车流。

第三节　高速公路驾驶技巧

一旦你驾车驶入高速公路，面对连续不断变化着的交通场景，要时刻保持警惕，应用"三步法"，求得一个安全的行驶通道。

一、应用"三步法"

和其他公路驾驶比较，高速公路驾驶可能使"三步法"的应用更困难。高速、多条车道和密集的交通流量，能使识别危险更加困难。

（1）识别危险　高速公路的结构设计，给驾驶人一个长的视觉距离，可以看得很远。但是，高速和多条车道降低了你能搜集的直观信息量。你不仅需要识别你周围的大量车流、交通标志、交通信号灯和道路标记，而且还需要及早地识别封闭的前区。绝不允许自己陷在两个大型车辆之间，如图115所示。

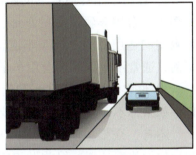

图　115

图115中的轿车驾驶人，陷入一个左前区、前区封闭和视线受到限制的环境中。

注意那些看起来没有把注意力全集中到驾驶工作的驾驶人。这些人可能是正在用手机讲话或正在看地图的驾驶人。当你处在这些注意力分散的驾驶人附近时，要增加你的缓冲空间。

可预测的车流，是高速公路的安全特征。然而，你必须向前搜索到你的目标区，密切注意突然的车流减速或驾驶人变更车道。在它们发生之前，预先处置区域封闭和冲突点，预料停在路肩的车辆会突然驶入高速公路甚至倒车。在远处，一辆正在倒退的车辆可能看起来仍然是前进的车辆。

（2）决定对策　速度似乎放大了驾驶人的犹豫不决，难于决定对策。然而，越是快的速度，越需要你快速决定对策。最后一秒的决定和执行——调整驾驶，能改变你的安全行驶通道成为封闭区或冲突点，或相反。立体交叉枢纽可能是高冲突区，因为许多驾驶人的决定是在那里作出。

（3）执行决定　圆滑地执行你的决定，避免突然行动。每次实行机动动作前，应及早地发出信号并保持安全的跟车距离。

二、车道选择

进入高速公路后，第一件事是选择你驾驶的车道。车道经常用数字标志，左侧车道或快车道称为1号车道，1号车道右侧的车道称为2号车道，然后是3号车道，其余依此类推。

1）一般原则，应在车流速度最平稳的一条车道内行驶。如果在你的一侧，有三条车道可供选择，选择中间一条车道驾驶最为稳妥。如果你希望提高车速或超车，可使用左边车道。当你车速较慢或准备驶出高速公路时，使用右边车道。

2）服从指挥，基于来自高速公路上的交通标志牌、交通信号灯和地面标记的信息选择车道。常见的有：

① 架空固定的出口车道标志牌。

② 架空固定的指明该车道是开放（一般绿箭头）或封闭（一般红叉）的标志牌。

③ 合用车车行道：它的路面标记是菱形标志及"合用车车行道"字样，是专供大客车及合用车辆使用的车道。高速公路两旁，有标志牌告诉你合用车人数限制及该限制的适用时间。此类车道，也称为高载客量车辆（HOV）专用道。挂有拖车的车辆，通常不允许使用合用车车行道，因此类车辆速度较慢。

④ 许多高速公路进入和离开某城市有专用车道，这些车道有很少的出口和入口。如果你不确定哪一个是你要的出口，就不要进入专用车道。

还有，众多指明前进方向到达城市、地方的标志牌，也供你选择车道时参考。牢记你的旅行计划，提前做相应的准备。

3）让交通现场工作人员指挥你使用车道。上述两类情况，都是在正常情况下选择车道的依据。但实际的交通现场复杂多变，在特殊情况下，服从现场工作人员指挥或灵活处置，以避免冲突。

不要骑在车道分界线上驾驶，因为这会阻碍其他驾驶人保持他们恰当的车道位置。

三、速度选择

在公路上驾驶，特别是在高速公路上驾驶，没有哪一个单一因素比速度更重要。它决定高速公路的效率，但也决定碰撞发生时损坏的程度和乘员幸存的比例。高速公路上的速度选择基于以下3个原则：

1. 安全原则

也许你还记得，驾校培训教材和一些有关交通法规的小册子中提到高速公路速度限制范围是60~120千米/时。遵守这个规定，在这个范围内选择速度。

也许你忘记了，那就请注意高速公路上的交通标志牌。大多数高速公路上，都立有最大速度限制标志牌，有些路段还立有专门针对货车和大型车辆的最小速度限制标志牌。

当你在没有立速度限制标志牌的高速公路上驾驶时，遵守基本速度法规，即驾驶速度在当时当地的气候和道路条件下是安全的和谨慎的。

"最小速度限制"的规定，不要以为只针对货车和大型车辆。你驾驶得太慢，低于最小速度限制，既违法，也很危险——会引起追尾碰撞。只有在不利的条件下，如雨、雾、雪或湿滑的路面等，在最小速度限制以下驾驶是既合法又合理。当你以等于或小于最小速度限制的速度驾驶时，应使用最右侧车道。

2. 节约原则

尽量保持匀速行驶，少踩制动踏板。这样，发动机转速稳定，燃料效率高且机械磨损小，也节约了车辆的运行费用。

3. 共速原则

在高速公路上，大多数驾驶人选择使用的速度，称为共同速度。选择使用共同速度驾驶，有利于融入高速车流，有利于维持交通的动态稳定。超过共同速度的驾驶人，为了超过其他车辆在车流中曲折穿行，这个作法不仅对超过速度限制的驾驶人是危险的，而且对高速公路上的其他驾驶人也是威胁。有时，有些车辆的速度超过最大速度限制，对这种违反交通规则的"共同速度"，你可以不选择使用。

选择共同速度行驶，但不陷入"车辆群"，参看图116。

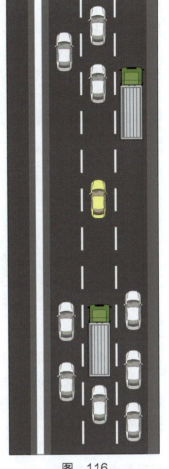

图 116

所谓"车辆群"，是指聚集在一起行驶的车辆，形式上像军事上的"战斗机群""潜艇群"等。通过做高速公路上的"独行侠"，减少你卷入冲突的机会。如果你发现被车辆包围，已陷入车辆群中，降低你的速度，逐渐地脱离车辆群，达到一定距离后恢复到共同速度。就像图116中的黄车驾驶人所作的选择那样，在前后两群车辆中间独行。

四、跟车和被跟车

随着社会经济的发展，高速公路的交通量越来越大，行驶的车辆越来越多，跟车和被跟车的问题几乎时时都摆在驾驶人面前。

这个问题很重要，一是因为它涉及防御型驾驶战略"保持距离"的应用；二是因为追尾碰撞，甚至连环追尾碰撞的恶性交通事故，在高速公路上时有发生，而事故的原因都与跟车距离太近有关。

1. 跟车距离

按本书第四章第二节的分析，高速公路的跟车距离宜采用3秒规则，即至少保持 3 秒的跟车距离。如果你还没有学会 3 秒规则怎么办？暂时可采用速度换算法：即速度数为跟车距离米数。例如，车速 80 千米 / 时，跟车距离为 80 米。类推 100 千米 / 时，100 米；60 千米 / 时，60 米等。但要学会借用高速公路旁设立的距离标志牌评估现实中的空间距离。

3 秒跟车距离，在理想的条件下是安全的。图 117 中的蓝车有一个好的缓冲空间和安全的跟车距离。但是，蓝车后面的黑车跟随得太近且前区没有足够的空间。

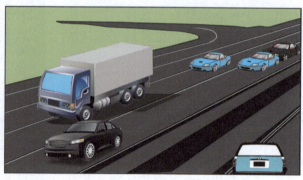

图 117

在你车辆的周围，保持富裕的缓冲空间，给你"逃逸"的时间和空间。

持续地扫视你周围的交通场景，注意任何可能影响你的行驶通道安全的情况。如果有驾驶人切入你的前面空间，要保持冷静，不要生气，应减速并重新建立安全的跟车距离。

当跟车条件比理想的差时，增加跟车距离到至少 4 秒距离。增加你的跟车距离特别重要，如以下情况：

1）跟着一辆大型车辆，它挡住你的视线。

2）跟着一个骑摩托车的人。

3）驾驶在坏天气或坏的道路状况。

4）驾驶在繁忙的交通中。

5）被危险地紧随。

6）驾驶着重型车辆或拖着挂车。

7）驾驶着摩托车。

8）进入或离开高速公路。

2. 被跟车

跟随你的车辆太近或紧随行驶，能使你进入危险境地。遇到为了超过你才紧随行驶的驾驶人，稍稍降低车速，把车略向右移动。这样做，一方面是让后车驾驶人能看见你的前车的制动灯光，另一方面是鼓励后车超车。但是，如果交通拥堵，紧随行驶者不宜超车，则不减速。

如果后车继续紧随，在安全的许可下，变更车道。经常检查你的后区，对任何的紧随行驶车辆保持警惕。

五、变更车道

车辆"各行其道"，这是高速公路系统安全高效运行的首要条件。任何一次车道变更，都是对这种动态平衡状态的破坏，都有引起冲突的可能。因此，在车道选定后，尽量不要变更。那些在车道之间穿进穿出、不必要地变更车道的驾驶人，是在拿自己和他人的生命冒险。

当然，在高速公路行驶途中，也有必须变更车道的时候。通常有以下几种情况：

1）变更到指向目的地的车道。高速公道上的交通指示标志，会指出你出行目的地的车道。当你所在的车道和目的地车道不符时，应变更车道。

2）变更到邻近出口车道，准备驶出高速公路。

3）出于安全考虑，变更车道，改变处境。如跟随在大型货车后面或处在它们中间，在安全的前提下变更车道，摆脱它们；又如让进入高速公路的车辆容易融入交通车流，你主动让出原行驶车道等。

当必须变更车道时，采用这些步骤：

- 变更车道，一次只能变更一条车道。每次变更车道都要发出信号，不论是否有其他车辆存在。
- 扫视内、外后视镜，检查交通情况，检查你将要移动进入方向的盲区。
- 如果你的通道是开放的，稍微加速和移入相邻的车道。
- 在你完成车道变更后，取消你发出的信号。

一旦你完成一条车道变更，在移动到另一条车道之前，先建立你的车道位置。在该车道以交通车流的速度驾驶，该速度在速度限制范围内，然后再重复上述变更车道程序，变更到下一条相邻车道。

变更车道时可能出现的问题：

1）在高速公路上，当同一方向有三条以上的多条车道时，变更车道是比较复杂的。一个潜在的冲突发生在两个驾驶人在同一时间指向同一方向时，如图118所示。因此，要意识到这个问题存在，变更车道前过你的肩做快速扫视，检查你看到的车道是否开放。

2）有时候，你需要变更车道让正在进入高速公路的车辆能安全地并入，如图119所示。

如果你正在图119中右车道驾驶，看见加速车道上的驾驶人，为了帮助他安全并入，你应变更车道。如果左邻车道不允许你变更车道，你可以减速或加速为他开辟间隙。

记住另一种可能性，某些高速公路有位于左侧的入口通道，如图 120 所示。

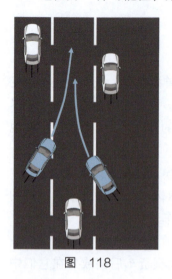
图 118

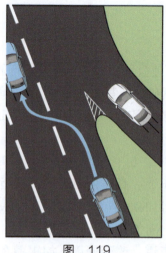
图 119

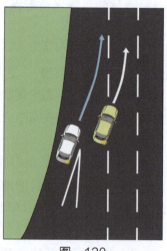
图 120

你正在左车道驾驶，看见正要从左边进入的驾驶人，预测他会封闭你的前区。这时，发出右转向信号，检视你的右区，移入右邻的车道，如图 120 中黄车所做的那样。

3）为了修建公路，有时会封闭车道。当车道被封闭时，只能在对交通开放的车道行驶。当交通堵塞时，如果使用路肩或中间隔离区作为车道行驶，这种行为既非法又危险。在路肩上非法驾驶的驾驶人，可能阻碍来自开放通道的急救车辆通行。

六、超车和被超车

在高速公路上超过其他车辆和在双车道公路上超车比较，是比较安全的。因为，中间分隔带把你和迎面交通分隔，不担心会发生迎面碰撞。但是，由于高速公路上的车辆速度高和大的交通流量，在超车时必须谨慎小心、集中精力和经常地应用三步法。总是要确信情况是安全的，才能开始你的超车动作。

在高速公路上，通常是从左边超车。但是，如果左邻车道是低速行驶的驾驶人，从右边超车也是允许的。

当要超车时，按照前面学过的变更车道步骤，变更到左边车道，如图 121 所示。

图 121 中的黄车，变更到左边车道，打算超过

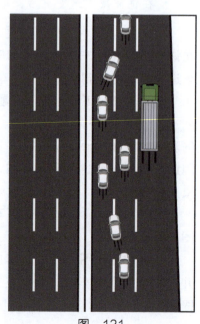
图 121

右边两条车道上的车辆。在超过后，按照变更车道步骤，回到原来车道。

当你超车时，自动地做下列动作：

- 评估你将要进入的区域。
- 发出变更车道信号。
- 过肩扫视你的盲区（根据需要向左或向右）。

当你被超车时，应当意识到正在超过你的车辆的位置。如果侧面没有足够的缓冲空间，可向右变更车道，继续监视正在超过你的车辆。保持车速稳定，切记不要加速。

当你被连续地从右边超车，在安全的前提下，变更到右边车道。当你被频繁地从两侧超车，表明你处在潜在的危险情况下，你两侧的空间减小，你的危险程度增大。这时，应谨慎驾驶，检查你的车速表，时速是否太低，应用三步法，作出必要调整。

第四节　驶出高速公路

安全地离开高速公路，要求尽可能早地规划你的出口。扫视交通标志，注意你将使用的出口。当你看到出口标志时，变更进入标志指示的车道。大多数高速公路出口，提供一个附加的减速车道，如图122所示。

在减速车道内减速不会影响你后面的车辆。在驶出高速公路和进入减速车道之前，力求不要减速。

减速车道，引导进入出口坡道，出口坡道引导驶出高速公路。和入口坡道一样，依立体交叉枢纽类型的不同，出口坡道有不同样式。有的是一条直线斜坡道，有的包含一条螺旋线匝道，有的引导进入一条急弯道等。无论是哪一种出口坡道，在它的入口都立有限速标志。察看你的车速表，确定经过减速车道时速度已降到限速值内。如果你离开高速公路时速度降得不够，进入弯道或并入低速车流时会遇到危险。

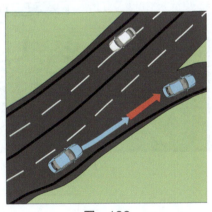

图 122

一、应用三步法

为提前计划好你的驶出路线，应用三步法：

1）识别高速公路上显示到你的出口的距离引导标志，预测可能使用同一出口的驾驶人。

2）决定为驶出应有的安全速度。

3）平顺地执行你的机动动作，融入低速交通。

二、驶出步骤

按照下列步骤驶出高速公路：

1）在出口前至少 500 米，发出信号和变更到能引导进入减速车道的车道，如图 123a 所示。

2）变更车道，进入减速车道，如图 123b 所示。在进入减速车道之前，不要减速。

3）取消信号，闪亮制动灯光，警告你后面的驾驶人，开始减速。

4）看后视镜，以便知道跟随车流的速度。和缓地减速，保持你的前后都有一个安全的缓冲空间。

5）识别出口坡道的限速标志，如图 123c 所示。

图 123c 中标明 30 英里/时，相当于 48 千米/时。检查车速，调整到符合限速标志牌上的规定。预料在出口坡道终端有"停车"或"让行"的标志牌。

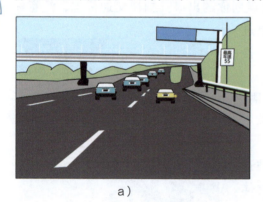
a)

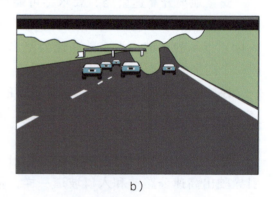
b)

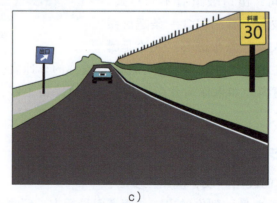
c)

图 123

离开高速公路，在进入当地的公路或街道交通时，要提高警惕。预料有双向街道、行人、交叉路口和要求较低的速度。频繁检查你的车速表和警惕那些在双向街道或公路上常发生的冲突。

三、驶出中可能出现的问题

即使离开高速公路时操作平稳，问题仍然可能发生。

1. 短的减速车道

如果减速车道短，你必须更快地减速。在这样的情况下，评估你的后区是至关重要的。当你进入减速车道时，需要：①判定车道长度；②识别出口坡道的限速标志；③在制动的同时，察看车速表；④察看后区交通。

2. 通道交叉

在某些高速公路，出口通道和入口通道交叉，如图124所示。

图124中，有一段车道驶出和进入共用。为避免冲突，驶出交通应在进入交通之后并入，也就是让进入交通先行，因进入交通正在加速。

3. 坡道溢流

有些时候，高速公路出口排队拥堵，等着驶出的车辆从出口坡道排队一直延伸到高速公路上，如图125所示。

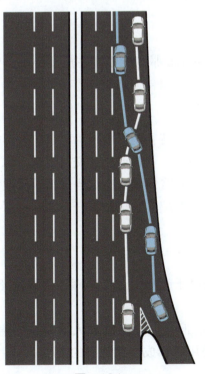

图 124

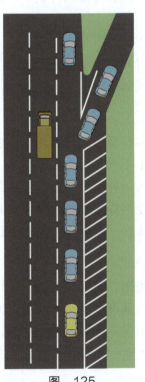

图 125

这种现象，称"坡道溢流"。如果遇到这种情况，你可以选择放弃这个出口去使用下一个出口，而不必须加入溢流和冒追尾碰撞的危险。有些驾驶人等得不耐烦，从路肩上驶离车道，这是违法的，也是不安全的。

如果你必须使用这个积滞的出口，及早地开始减速。如果你看见车辆积滞接近出口坡道，检查你的后区，闪亮你的制动灯光和开始减速。再次检查你的后区，确信车流是慢的。如果车流没有慢下来，努力平滑地通过这个出口区域，驾驶到下一个出口。

4. 突然决定驶出高速公路的驾驶人

行驶在高速公路上的驾驶人，有些因没有经验或因疏忽大意，到了出口附近才发现计划中的出口到了，匆忙行动、变更车道，抢进驶出通道，这是很危险的驾驶行为。作为防御型驾驶人，在驶出高速公路时，应识别和预测接近出口区域可能有突然行动的驾驶人，要提高警惕，谨慎应对。

第五节　高速公路的特殊问题

高速公路能提供最高效安全的驾驶体验。即使如此，诸多问题仍然可能出现，即存在危险和可能的冲突，归纳为驾驶人状况和道路状况两方面，下面分别叙述。

一、驾驶人状况

长时间驾驶，能对驾驶人产生影响，要警惕那些能影响在旅途中的你和其他驾驶人的问题。

1. 公路催眠状态

当你在高速公路上驾车长途旅行时，时刻保持警觉可能成为问题。你可能以不变的速度1千米又1千米地驾驶，只有很少的坡道、弯道或立体交叉枢纽。你可能被麻痹到进入一种漫不经心、昏昏欲睡的状态——公路催眠状态。当你第一次注意到，你自己正变得昏昏欲睡或者注意力不能集中时，要端坐直挺和打开车窗。在下一个服务区停车休息，伸展肢体或运动锻炼。

2. 入睡碰撞

在美国，每年超过10万次的碰撞，是由于瞌睡引起。入睡碰撞涉及死亡人数，大约是其他类型碰撞涉及死亡人数的2倍。

瞌睡是一个可以预防的车辆碰撞原因。但是，许多驾驶人不承认疲倦和瞌睡，甚至忽视它，这对他们自己和其他的道路使用者形成极其危险的威胁。

3. 速度状态

连续几小时的驾驶，可能欺骗你进入一种状态，以为你正在驾驶的车辆速度比它实际的速度低。比如，你的车速已达 120 千米/时，但感觉以为你是在 60 千米/时左右，这种状态叫作"速度状态"。在这种状态下，你可能无意间驾驶得更快，乃致大大超过速度限制而不自觉。当驶出高速公路时，这种状态可能是特别危险的。

驶出高速公路后，进入一般的公路交通环境，那里的速度限制比高速公路低很多。如果你还沉迷在"速度状态"，可能超过当地的速度限制。因此，要经常察看你的车速表，调控你的速度到符合交通限制的规定。

二、道路状况

防御型驾驶，战略之一是"知己知彼"，道路状况包含在"彼"中。在一般情况下高速公路的道路状况前已述及，下面介绍几个特殊的道路状况问题。

1. 通过城市的高速公路

城市高速公路比乡村地区高速公路，有更多的出口和入口。出、入口越多，并入交通过程中的冲突增加，给那些优柔寡断的驾驶人有更多机会作危险的最后 1 秒钟的决定。

在通过城市高速公路时，特别是在上下班交通高峰时间，记住以下 4 点：

1）大多数情况下，在中间和左边车道驾驶，避开并入的车辆。

2）提前知道何处是你想要的出口，及早地进入正确的车道。快速、繁忙的交通，会使变更车道变得困难和危险。

3）不间断地搜寻交通标志、交通信号灯和交通标线。

4）预测其他驾驶人可能的行动。

2. 车辆发生故障

当你的车辆发生故障、出现最初的征兆时，采取下列步骤：

1）察看你的后区和发信号，尽可能远地驶上路肩或隔离带。

2）打开你的危险警告灯。如果车辆离路肩不是很远，让每个人都下车和远离车流。

3）在安全许可时，升起发动机舱盖和系一块白布条在天线上或车门手把上。如果你有手机，应打电话求救。

4）如果有紧急信号灯或反射器，放置它们在你的车后至少 150 米以外，警告其他的驾驶人。

5）回到车内并锁上所有车门。请求任何人停车帮助你打电话和呼救，绝不要进入陌生人的车辆。

6）不要站在高速公路内面对交通。

3. 道路维修

要警惕道路维修区域。注意施工标志，只要看到第一个这样的标志，就立即准备减速。带有闪光灯的施工区域预警标志牌上，指明施工区域速度限制。降低车速，按照施工现场工作人员的指示行进。

4. 乡村地区高速公路

在乡村地区高速公路上，长距离行驶可能是单调乏味的。频繁地检查车速，尽可能远地向前方看，看你的目标区。

力求不要让大型车辆跟随在你的后面。记住，它们不可能像你一样很快地停车，应在安全许可的前提下超过大型、低速移动的车辆。

5. 收费亭

许多高速公路要交费才能行驶，收费地点就是设在高速公路上的收费亭。在高速公路上行驶的车辆经过收费亭时，都要停车交费，然后才能通过。

接近收费亭的一片区域，路面常做成棱纹路面，车辆驶过因路面高低不平发出隆隆声，俗称"隆隆带"。隆隆声警告驾驶人"收费亭到了"，减速，准备交费。

当驶近收费亭时，寻找上面有绿灯的收费亭，绿灯表示那条车道是开放的。

依收费方式的差异，收费亭有不同的类型，大体上有两种：一种类型，是由收费员操作的；另一种类型，就是电子化操作（ETC）：一个电子装置（OBU）放置在驾驶人车辆内部的风窗玻璃内表面，当车辆逼近指定的收费亭车道时，该装置和车道内的计算机通信，随后从预先定好的账号中完成扣费。收费亭上空有鲜艳的指示标志牌指明收费亭类型。由于各地的收费标准和收费方式不完全相同，所以在制订高速公路出行计划时，应包括"收费亭"项目：有几处？收费多少？收费方式？相应做好准备。

6. 休息服务区

高速公路每隔一段距离（一般 1~2 小时行车距离），在路外附近设有服务区，一般设有加油站、餐厅、超市、卫生间和停车场等设施。不言而喻，对于在高速公路长途驾驶的人来说，服务区是很受欢迎的。但要注意，遵守前面讲过的驶出和进入高速公路步骤，安全地进入和离开服务区。

第十章 和其他车辆共用道路

在道路交通事故中，很大一部分是车辆之间的互相碰撞。在共用道路的诸多车辆中，潜藏着很多不安全因素。作为防御型驾驶人，要善于应用防御型驾驶战略，识别和化解不安全因素。首先是"知己知彼"，尽可能地了解其他车辆的性能及操作方式；在此基础上，实施"居安思危"战略，用三步法为自己选择一条安全通道。

在公路上行驶的车辆各式各样，本章按大小分成两类，分别叙述。

第一节 大型车辆

一、大货车

人们日常生活中，吃的穿的和用的所有物品，几乎都要靠货车运输。货车是国民经济中的重要组成部分。

货车的主要类别是轻型、中型和重型。大多数货车是轻型和中型，你经常看到的轻便客货两用车（俗称"皮卡"）、维修服务车和送货汽车等都属于这一类，由于大小和轿车差别不大，这里不讨论。

这里，重点讨论重型货车中使用最广的牵引车-挂车。

牵引车-挂车，有一辆强有力的牵引车，它拖曳着一辆独立分离的挂车。牵引车包括发动机和驾驶室。挂车又分为半挂和全挂、一挂和多挂等多种。大多数常见的是18轮载货汽车属于牵引车-半挂车。以下提到的"大货车"，就是指这种类型的货车。

1. 大货车的操控特点

（1）转弯

对车辆而言，后轮的转弯半径都小于前轮。车辆越长，差别越大。因此，大货车必须先增加转弯宽度，然后再转弯。以右转弯为例，许多跟随在牵引车-半挂车后面的驾驶人以为：如果货车向左运动，它是准备左转弯。但是，大货车驾驶人通常向左摆出，是作为右转弯的第一步。如果在那时，你从它的右侧开始超车，你可能被拦截呈所谓的"右转弯挤压"，如图126所示。

在你开始超车之前，应该查看货车的转弯信号灯。

（2）制动－停车

与普通轿车相比，以同样速度行驶的大货车，需要的制动时间更长、制动距离更长。普通轿车以 80 千米/时的车速行驶，平均制动距离约 120 米；以同样速度行驶的大货车，则需要大约 240 米才能把车停住。

因为大货车驾驶人不能及时停车，所以不要切入大货车前方后突然减速或停车。

（3）大货车驾驶人的盲区

许多人以为，大货车驾驶人由于座位高出道路表面很多，有极好的视野。然而，大货车驾驶人对侧面、后面的视线受到车体尺寸的限制，还有前方也有小块盲区。

每辆大货车的前方、两侧和后方，都有大片盲区，如图 127 所示。

图 126

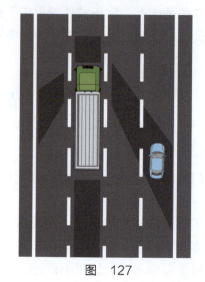

图 127

这些盲区是大货车驾驶人看不见的区域，也是其他车辆不宜进入的区域，所以叫作"非区域"。其他车辆进入"非区域"内行驶，大货车驾驶人看不见这些车辆，无法采取避让措施避免险情发生。

（4）大货车操控灵活性差

大货车的设计是为了运货，其操控灵活性不如轿车。它的起动和制动距离较长，转弯需要更大空间和更多时间，其重量也很大。

2. 跟随大货车

当跟随在大货车后面行驶时，一定要避免陷入"非区域"。增大跟车距离，直到你能看见大货车的一个外侧后视镜。一般而言，你能看见大货车外侧后视镜，大货车驾驶人就能从外侧镜中看到你。

3. 超过大货车

起步时超车，在离开停车标志牌或交通信号灯变绿时，超过大货车是很容易的。

计划在大货车驾驶人换档逐渐加速时超车。在超车前，察看前区和左右区，确信是空旷、安全的。

行驶中超车按照以下步骤：

1）检查你的前区和后区，发出变更车道信号，平滑地变更车道。

2）在超车时，应和大货车保持足够大的侧隙；加速，尽快完成超车。

3）在你的后视镜中，能看见大货车的两个前照灯之后，发变更车道信号，过你的右肩察看，平滑地返回到原车道。

> **注意：** 许多货车的前非区域可能延伸超过 6 米多一点，在你返回原车道之前，确信已经远远地超过这一距离。

4）在超车过程中和超车后，不要减速，保持较高的速度一段时间。

4. 和大货车会车

当在一条狭窄的两车道公路上和大货车会车时，你没有更大的空间。当你和大货车会车时，移动到最右侧车道，看好前方，保持直线驾驶。由于遇到大货车带来的强侧风，牢靠地掌握好方向盘。最好选择有路肩的地点，作为和大货车的会车地点。

二、公共交通

1. 公共汽车、有轨电车和无轨电车

这些车辆的共同特点是：在行驶过程中，要停车上下乘客。在上下乘客的地点，设有安全区，如图 128 所示。

切勿驾车穿越安全区。安全区是专门为行人上下车设置的区域。有的用白色虚线、有的用铆钉式的圆形凸起作路面标记，标示出安全区范围。

如果公共交通车辆正停在安全区上下乘客，你可以在安全的前提下超过这些车辆，但车速不得超过 15 千米/时。

如果乘客上下车地点没有安全区标记，你应当停在距离最近的车门或站台之后，等候乘客到达安全地点后再继续驾驶。

图 128

2. 校车

许多地方法律管制校车比公共汽车更严格。校车为学生上下车方便，常停在交通车道右边。当校车正停车上下学生时，汽车顶上的红灯闪亮，停车标志牌从汽车

的左侧摆出。此时，在双向行驶的道路上，两个方向行驶的车辆都要停车。当校车上下学生结束，红灯熄灭和停车标志牌摆回，开始移动。此时，其他车辆才可以继续行驶。

3. 保护走近公共交通车辆的行人

可以预料，许多匆忙赶乘公共汽车的行人和学生，是不会意识到你的存在，甚至为赶上车无视交通规则、横跨车道。特别是在上下班、入学放学等特定时段，情况最严重。为保护这些人，作为防御型驾驶人，应有下列思想准备：

1）料想在早晨和下午的学校入学放学时间，会频繁地看到学校公共汽车。

2）通过它们的颜色、特征，及早地识别学校公共汽车，然后准备停车。

3）预料匆忙赶上公共汽车的行人，可能没有注意你的存在，应用喇叭和眼光接触与他们交流。

4）给公共汽车更大的空间。当超过一辆停着的公共汽车时，确信没有因视线受阻没看到的人进入你的车道。

5）超越公共交通车辆时的速度不超过15千米/时和"罩"着制动踏板。如果需要，留给自己更长的响应时间。

三、特殊用途车辆

1. 紧急车辆

你必须为具有汽笛声和闪光灯的警车、消防车、救护车和工程抢险车等紧急车辆让路。把车驶到尽可能远的右边，停车让行。但是，不要在交叉路口停车。如果发现紧急车辆时，你正在交叉路口，应在通过交叉路口后尽快靠向右边停车。

紧急车辆有时会逆向行驶，有时会使用高音喇叭令挡道者离开。你必须服从交通警察、执勤警察或消防员的指挥，即使这些指挥、命令与现有交通标志、交通信号灯或交通规则相冲突。

在紧急车辆执行任务时，在其后方100米内尾随行驶是不正确的行为。

不要把车开到火灾、事故现场围观，这会妨碍警察、消防员、急救医护人员和其他救援人员的工作。

2. 其他特殊用途车辆

某些特殊用途车辆，可能在一年当中的不同时间才能遇到。例如，扫雪机在寒冷地带的冬季是可以预期的（图129）；在乡村地区，农场机械是可以预见的。当活动房屋被运输时，车首尾有"宽大负载"的标志（图130），或有携带"宽大负载"标志的车辆在它的前后随行。当和这样的车辆相会或超过它时，要特别小心。

休闲车辆，是指用于消遣和旅行的车辆。最流行的一些休闲车辆，有篷车、房车、野营挂车、旅宿挂车和运动型多功能车等。这类车辆中的一些尺寸较大，会挡住你的视线，让这些大型车辆有较大的空间和增加你的跟车距离。

图 129

图 130

第二节　小型车辆

一、和骑摩托车者共用道路

摩托车由于体积小、轻巧灵活、操作方便、行驶迅速和价格便宜等优点，正越来越多地出现在公路运输系统，成为共同使用公路网络的重要成员。遗憾的是，由摩托车引发的交通事故也越来越多。作为防御型驾驶人，对于和骑摩托车者共用道路的问题，不可掉以轻心。

1. 了解摩托车

也许你从未骑过也不打算骑摩托车，觉得花时间和精力去了解摩托车是多余的事。请记住，防御型驾驶战略的第一条——"知己知彼，百战不殆"，与摩托车相关的不安全因素是"彼"的组成部分，只有了解它，才能战胜它。

（1）制动和加速

汽车驾驶人只需要脚在制动踏板上踩一下，就能减速和停车。而摩托车骑手必须分别操作前轮和后轮。右边把手上一根杆操作前轮制动，这个制动供给停车所需动力的大部分。脚踏板控制后轮制动。为使制动效果最大，骑手必须小心地协调手和脚两方面的制动动作。如果其中一个施加制动太强硬，可能锁死车轮和引起车辆失去控制。

摩托车骑手，必须协调手动节气门、手动离合器和脚踏换档杆，实现平滑地加速。如果这些动作不协调，可能发生平衡问题。

（2）容易丧失平衡

与其他两轮车辆一样，摩托车有在运动时保持垂直的问题。

摩托车丧失平衡的原因主要有：

1）道路表面状况。沙子、砾石、泥、滴下的机油、水、检修人孔盖和路上的物体，都能引起骑摩托者的平衡和控制问题。

2）被其他物体打击。骑摩托车者必须保持安全的跟车距离，才能避免前面车辆向后碾压出的卵石或污物。闪避卵石或污物，可能引起骑手丧失平衡。飞的昆虫，也能打击骑手面部。

3）泄了气的轮胎。在摩托车上泄了气的轮胎，即使在一般速度下，也能引起摩托车骑手丧失控制。

4）突然停车。一般四轮车辆在紧急情况下，可以紧急制动、突然停车。但是，摩托车如果突然停车，就会失去控制。

（3）增大跟车距离

足够的缓冲空间，对于运行任何类型车辆都是非常重要的。骑摩托车更是如此。因前面提到过的2）和4），为避开前车碾压出的卵石和污物的打击，为做到不突然停车，需要增大跟车距离。如果冲突出现，作为自我保护能力极差的骑摩托车者需要额外的时间和空间，才有逃逸的可能，这就需要增大跟车距离。

（4）在交通中可见

在交通车流中，由于摩托车尺寸相对较小，不易被其他道路使用者看见。骑摩托车者应当选择易被其他人看见的位置。在大多数情况，在前面车辆左车轮的轮迹上骑行，如图131所示，这样最容易被其他驾驶人看见。

在车道左侧骑行，除了有最佳的能见度外，也迫使其他驾驶人使用其他的车道超车。这个位置，有助于减小骑摩托车者被迫离开道路的可能性。

在车队里骑行是非法的，也是危险的。为节约一点时间，冒在车辆之间被挤压的危险是不值得的。

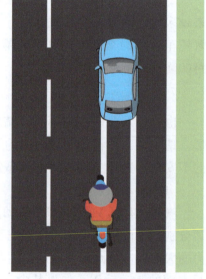

图 131

（5）成群结队地骑行

摩托车骑手们常常成群结队地驾驶。当你看见一个骑手时，就会看到另一个。摩托车骑手们绝不要肩并肩地在同一交通车道上骑行，他们应当错开位置，如图132所示。不要直线地跟在另一辆摩托车后面。

转弯时，和其他车辆一样，先进入转弯车道，进入时，由错开位置排列变成单一直线排列，直到完成转弯。

（6）夜晚骑行

夜晚骑行是危险的，因为迎面驶来的汽车驾驶人可能错误判断离摩托车骑手有多远、错误判断摩托车骑手行驶有多快，或摩托车骑手在车道哪个位置。如果摩托车骑手一定要夜晚出行，应采取下列附加的预防措施。

夜晚在许多公路上，摩托车的远光灯不能供给如汽车上远光灯那样多的灯光。摩托车骑手必须学会使用其他车辆的前照灯，以便更好地看清前方道路。

摩托车的尾灯一般很小，所以后面的驾驶人很难看到它。摩托车骑手为使自己有较高的能见度，在摩托车上装备反光镜，也在头盔上配置反光带和穿反光衣。

（7）特别的骑行问题

跨越铁轨和不利的气候，对于汽车驾驶人和摩托车骑手都带来问题，但摩托车骑手有他的特别之处。

1）铁轨。铁路轨道对摩托车骑手来说有一个特殊问题，就是跨过铁轨要尽可能地成直角，如图133所示。

图　132　　　　　　　　　　　图　133

这个机动动作，将有助于减小摩托车倾覆的机会，倾覆是轮胎在铁轨的沟槽内受到拦截作用的结果。

2）不利的气候条件。摩托车骑手不像四轮车辆驾驶人那样可以应对不利的气候条件。例如，一团污泥就可能使摩托车失去控制。

在下雨天，对摩托车骑手最坏的时间，就是开始下雨时。当雨水和路上的泥土、油液混合时，附着力大大减小。因为对摩托车的控制，力的平衡是至关重要的，而附着力减小导致平衡破坏，将使摩托车骑手失去对摩托车的控制。

当下雨时，汽车驾驶人能打开风窗玻璃刮水器；当路上的尘土溅污风窗玻璃时，能开动风窗玻璃喷洗器。摩托车上这两种装置都没有，所以视力在下雨时被极大地减弱。

当路面是湿的时，骑摩托车者行驶应当避开路面上的油漆线条和铁轨，因为那些地方很滑。在汽车车轮的轮迹上行驶（图131），摩托车能有更大的牵引力。

风对摩托车骑手也是问题，特别是在空旷的道路、弯道、桥梁及高架桥附近。通过的公共汽车或货车产生的风，大到可以把摩托车吹出车道。

坏天气，使汽车驾驶人和摩托车骑手之间，互相都难以看清对方。因此，两者都必须极大地增加缓冲空间。

3）搭载乘客。摩托车骑手搭载乘客会带来平衡和控制问题。在转弯时，乘客可能向错误的方向倾斜，或者当制动突然施加时乘客撞击骑手。乘客和骑手，两者应同样倾斜。

乘客除穿戴与骑手相同的保护装具外，还应接受以下训练：

- 用两手抓住把手。如果摩托车没有把手，乘客应当抱住骑手的腰、髋或上腹部。
- 在全部时间保持脚踩在脚踏板上。
- 不要接触消声器和发动机，因为它们是烫的。

摩托车骑手不得搭载没有受过训练和掌握技能的乘客。

（8）使用保护装具

发生碰撞时，其他车辆会严重伤害摩托车骑手。摩托车骑手通过穿戴起保护作用的服装和用具保护自己。这些保护装具包括：

1）头盔——为减少和防止头部受伤戴的安全帽。

2）眼睛保护装置——护目镜或面罩。

3）重型的鞋或靴。

4）用结实、明亮、带有反光材料的织物做成的上衣和长裤。

5）全指手套。

其中，头盔是最重要的，交通法规规定摩托车骑手不戴头盔骑行属于违法。

2. 和摩托车骑手共用道路

摩托车是一种方便和经济的交通工具。随着石油短缺、油价上涨，摩托车变得更流行。摩托车的登记数量近几年来成倍增加。不幸的是，摩托车交通事故也成倍增加，摩托车骑手的死亡率比其他机动车驾驶人高5倍。大多数摩托车事故死亡和受伤，发生在15到24岁的年轻人群中。

（1）应用三步法

大多数驾驶人只查看其他轿车和大型车辆，这些车辆可能成为伤害他们的原因。由于摩托车威胁小且很难看见，汽车驾驶人总是不注意摩托车骑手。

搜索摩托车骑手，需要知道和摩托车发生冲突可能的位置。为预测摩托车骑手的动作，汽车驾驶人必须知道摩托车的能力和局限，知道做什么可增加避免冲突的机会，做什么不能。

应用"识别危险—作出决定—执行决定"三步法：识别摩托车、预测摩托车骑手的动作；在区域封闭或冲突发生之前，作出避免冲突的决定；沉着、机智地执行决定，化解危险，避免冲突。

（2）查看小尺寸和小灯光

与在公路上行驶的诸多车辆比较，摩托车尺寸小和灯光（前照灯、尾灯、制动灯、转向灯）暗淡，使得汽车驾驶人可能不太注意摩托车骑手。

摩托车的灯光和汽车的灯光相比，不仅小（暗淡），而且大多数摩托车的转向灯光不能像大多数汽车那样，转弯完成后自动关闭。摩托车骑手有可能转弯后忘记关闭转向灯，让它继续亮着，从而摩托车后面的驾驶人可能会被弄糊涂，骑手要转弯还是不转？

摩托车打开前照灯，可以让其他驾驶人容易看见摩托车和骑手。

（3）最易发生冲突的地方

大多数汽车和摩托车发生冲突的地方是交叉路口。下面是一些冲突的事例：

1）在摩托车骑手前车辆左转弯。在摩托车骑手前做左转弯动作之前，察看迎面驶来的亮着左转弯信号灯的摩托车骑手是否正在转弯或直行驶入你将要进入的通道。这位骑手可能忘记关闭转向灯，如图134所示。

2）在摩托车骑手前车辆右转弯。许多汽车驾驶人在做任何机动之前，有时没察看后视镜检查，导致和摩托车骑手冲突，如图135所示。

图　134　　　　　　　　　　　　　图　135

汽车驾驶人应通过频繁的检查后视镜和过肩扫视，避免和摩托车骑手冲突。

3）摩托车超车。参看图136，黄车左转，摩托车从黄车的左侧超车，导致冲突。在交叉路口，摩托车骑手不应该超车。但是，如果黄车驾驶人适当地做了后视镜检查和过肩扫视，冲突还是可以避免的。

（4）危险紧随的摩托车

摩托车骑手如果能熟练使用制动器，在理想的条件下，许多摩托车的制动距离和汽车是大体相同的。然而，图137中黄车驾驶人为了让路肩上的汽车进入车道，突然踩下制动踏板，紧随的摩托车骑手可能失去控制，因为骑手没有足够的跟车距离及时停车。当你被另一辆车跟随时，察看你的后视镜和增加跟车距离到 3 秒。如果看到跟随的是摩托车，增加到超过 3 秒。

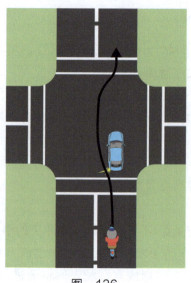

图　136

图　137

（5）和摩托车会车

摩托车白天行驶时，必须打开前照灯。有些是摩托车骑手执行交通规则，人工打开；有些是摩托车设计，当点火开关打开时，前照灯就接通。只要你看到迎面驶来的骑摩托车者时，要控制好方向盘、保持在你的道路一侧，直到摩托车骑手通过。

（6）在驾驶人的盲区骑行

由于摩托车相对较小的尺寸，摩托车骑手在你车辆后面的盲区骑行，你很难看见他。在转弯和变更车道之前，仅看后视镜是不够的，总是要越过你的右肩或左肩扫视，发现在盲区的摩托车。

（7）超过摩托车骑手

在超车前，不要紧随在摩托车后面，相反要保持 3 秒以上的跟车距离。在摩托车骑手的后视镜中，一旦看到很逼近的车辆，可能引起骑手慌乱，做出意料不到的动作，导致冲突。

在超车通道空旷的时候，实施超车：变更车道、加速，如图 138 所示。

当在车内后视镜中能看见摩托车骑手时，发出右转信号，检查右盲区后，返回原车道。

图　138

（8）保护摩托车骑手

和坐在车辆内的驾驶人不同，摩托车骑手完全暴露在危险面前，而这危险的后果是轻则受伤、重则死亡。在和大的车辆发生的冲突中，摩托车骑手可能受到严重伤害。因此，汽车驾驶人必须承担主要责任，避免和摩托车骑手冲突。由于许多摩托车骑手没有穿保护服和戴保护装具骑行，所以你必须特别留心和保护他们。

1）许多骑摩托车者缺乏经验和技能。大量骑摩托者租用或借用摩托车且骑行经验不足半年。当在交通中接近骑摩托车者时，应警惕和预期摩托车骑手在判断和控制上会犯错误，因为他们可能没有经验和缺乏技能。

2）汽车驾驶人的另一项责任，是知道摩托车的操作特点和在交通中它们如何运行。例如，当摩托车骑手做转弯动作时身体向一侧倾斜，如图139所示，而转向把手动作很小或不转向。在风大的日子，摩托车骑手控制摩托车转弯可能有困难。在摩托车骑手做转弯时，学会观察摩托车骑手的身体和前轮。对摩托车的操作特点了解得越多，当在有摩托车存在的交通环境驾驶时，就越能应付自如。

3）增大跟车距离。汽车驾驶人应增大跟车距离到3秒以上。这样，万一摩托车骑手摔倒，你将有一个特别大的安全余地。

图 139

骑手的平衡和直立不倒，取决于两个轮胎对路面的摩擦。水、沙、油膜或路上松散的砾石，会减少牵引力，对摩托车的控制会变得更难。汽车驾驶人对这样的路况，要警惕并预测骑手的位置和方向可能突然变化，给摩托车骑手留出特别大的空间。

4）确保摩托车骑手看到你。骑手的前方视野虽然是清晰的和开放的，但是装在手把上的后视镜尺寸很小，以及粗糙的路面和发动机转速引起后视镜的振动，限制了骑手向后的视野，后视镜中看到的车辆比实际远很多。

当跟随摩托车骑手时，假定他没有意识到你的存在。在你超车前，轻按喇叭，礼貌地提醒你的存在。

二、和其他小型机动车共用道路

除摩托车外，道路上还有许多其他小型机动车在行驶着。它们由于消耗汽油少、环境污染小、经济、方便等优点，广泛用作交通运输、休闲娱乐的工具。这些小型机动车辆可说是种类繁多。归纳起来，大体上有以下3类：

1. 二轮（或三轮）轻便摩托车

根据《中华人民共和国道路交通安全法》，轻便摩托车发动机气缸容积等于或小于 50 毫升，设计最大车速等于 50 千米/时。上节所述的摩托车，则是发动机气缸容量大于或等于 50 毫升，设计车速大于 50 千米/时。

对应的美国类型是 motor scooter，译名尚未统一，有的译为小型摩托车、低座小型摩托车等。这类车辆的动力系统，除发动机功率比摩托车小外，一般无换档功能。

2. 机动自行车

它或是以小型发动机驱动，或是以自行车的踏板驱动。它的英文名称 Moped，来源于两个名词 motor-driven bicycle（机器驱动自行车）和 pedal-driven bicycle（踏板驱动自行车）的组合。它和自行车一样，能被踏板驱动和用手制动停车；它和摩托车一样，能用发动机作动力和用手操纵节气门实行控制。

3. 以蓄电池为动力的机动车

大体上分两类：

（1）两轮（或三轮）电动摩托车　全车重量小于 400 千克，设计车速大于或等于 50 千米/时。

（2）两轮（或三轮）电动轻便摩托车　全车重量大于 40 千克，设计车速 20~50 千米/时。

这些小型机动车的骑手，和前节所述的摩托车骑手，作为公共道路使用者享有同样的权利和责任。它们有许多共同的优点、特点和局限。作为防御型驾驶人，在和它们共用道路时，应当注意的事项和应尽的责任以及"和摩托车骑手共用道路"的论述基本相同，这里不再重复。

 # 第十一章　在不利的条件下驾驶

不利的条件，例如雪、大雨或者明亮的太阳光等，能产生能见度降低和牵引力不足问题。当问题发生时，你必须使用特别的驾驶技巧，阻止问题的发展。

如果你在那些不利的场景里驾驶，你如何处理下述问题：

如果你前面的车辆因行人停车，你能及时停车避免冲突吗？

你如何检查在该不利条件下的牵引力？

如果你的汽车开始打滑，你该做什么？

在该情况下，你是用近光灯还是远光灯？

在能见度很差的情况下，驾驶需要有特别的"看"的能力。在滑溜的道路上驾驶，也需要特别的技能。在不利的气候条件下，驾驶人必须减低车速并调整到能够适应变化的状况。

本章将讨论这些特别的能力和驾驶技巧。

第一节　能见度降低

能见度降低，带来的后果是你看不见他人、别的车，他人也看不见你和你的车。能清楚地看到前方的交通和道路情况，是实施三步法的重要前提。当观察力因不利天气而降低，不能正常使用三步法规避危险时，发生碰撞的机会将大大增加。能见度降低，是由不利的天气引起的，不以人的意志而转移。人们只能从主观上想办法，抵消不利天气的影响。

因为，在能见度较低的情况下，识别危险和应用三步法需要更长的时间，所以首先是降低车速。

一、车窗

当下雨时或湿度很大时，潮气可能附着在车窗的内侧。当车窗蒙上潮气时，你的视力会急剧下降。当车窗玻璃开始附着潮气时，应立即打开除霜器、空调或打开侧窗，使车内空气保持流通。

有时，在车窗玻璃内侧逐步形成一层由烟雾、灰尘或车内塑料挥发物构成的薄膜。车窗内侧应该保持清洁干净，有助于你看得更清晰。

车窗外侧大量的雪、霜或冰,在驾车前必须清除干净。不要满足于只是刷出一个窥视孔。通过窥视孔看前方,你不能得到视场全景,也无法恰当地应用三步法。除霜器不能去除大量的雪、霜或冰。只有在车窗玻璃被清除干净后,再使用除霜器,才能有效地保持车窗清洁。

二、太阳眩光

当太阳光线与地平面夹角小于45°时的清早或傍晚,如果向东或向西朝着太阳行驶,明亮的太阳光会直射眼睛,可能产生眩光问题,无法看清前面的人和车。特别是行驶在多弯道的山区公路时,一会儿背对太阳,一会儿面向太阳。如果没有思想准备,突然面向太阳,强烈的眩光会暂时性地使你致盲。佩戴太阳镜或使用遮阳板,能减少太阳光引起的眩光和眼睛疲劳问题。

如果你是背对太阳行驶,要意识到迎面来车驾驶人受到眩光影响,可能看不见你发出的灯光信号,甚至看不到你的车辆,对此要有准备。

三、拂晓和黄昏

当太阳刚升起或快落下时,没有像白天那样强的光,但是似乎也不是黑得要开前照灯,如图140所示。

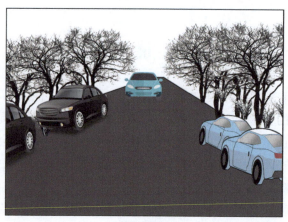

图 140

在这些时间段,行人、骑车人和没开前照灯的汽车,可能很难看清。

为了保证自己在拂晓和黄昏能安全驾驶,打开你的近光灯。有了前照灯的光,其他人将能很好地看见你。

四、夜晚

1. 观察受限

夜晚驾驶,给予驾驶人的视力严重限制。这种限制主要表现在2个方面:

（1）看不远

在夜晚驾驶，前视距离限制在前照灯照射的范围内。用近光灯行驶时，只能看清前方 30~40 米内的道路；用远光灯行驶时，也只能看前方约 100 米内的道路交通情况。

（2）看不全

同样，受前照灯照射范围限制，驾驶人的视场中心角不再是白天的 180 度，而是前照灯灯光的扩散角——60~70 度。凡灯光照射不到的地方，什么都不能看见，许多在白天可作为判定方向、速度、位置的参照标志消失在黑暗中，驾驶人有不自觉的加速倾向。使用三步法，实施"居安思危"战略遇到很大的困难，因为要花费更长的时间才能看清行人、骑车人、灯光昏暗的小型机动车和障碍物等，并识别危险。

因此，夜晚驾驶时要特别小心谨慎，必须降低速度。

2. 前照灯

夜晚当你在公路上正在驾驶时，如果前面没有其他车辆，使用远光灯，以便你能看得更远。当会车或跟车时，为防止使其他驾驶人眩目，切换到近光灯。

在城镇和市区行驶时，使用近光灯。因为，在城市行驶的速度较慢，城市街道有路灯照明，或许还有商店招牌、广告灯光及其他车辆的灯光，你能看得更远，所以不建议使用远光灯。

当夜晚行驶遇上坏天气时，也应当使用近光灯。如果在雨、雪或雾中，使用远光灯，强光照射在细小水珠上，反射回到驾驶人的眼睛，能使驾驶人观看困难。坏天气能引起前照灯玻璃罩和车窗玻璃脏污，因此需要常常清洁它们。

记住，前照灯光线是直线向前照射，光线不会沿着弯道或坡道弯曲。利用光的直射特性，判断前方道路情况，可弥补因夜晚看不清路边交通标志而带来的问题，如图 141 所示。

图 141 中上图，灯光照射距离由远变近，表明驶近弯道或上坡；由近变远，表明驶近直道或下坡。中、下图的灯光照射离开路面，表明前方有大坑或急转弯。

当灯光照射的路面上出现黑影，那是路面坑洼。

3. 会车

在会车之前，要变换到近光灯。

如果迎面来车驾驶人用的是远光灯，使用下列动

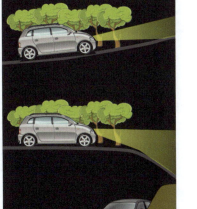

图 141

作可避免那些前照灯的眩光把眼睛弄花：

1）如果迎面来车还很远，短时地闪烁你的远光灯，提醒迎面来车驾驶人减暗灯光。大多数新车做这个动作容易，因为在远光灯开关附近，装有一个远光灯闪烁开关"闪亮－消失"。

2）如果迎面来车驾驶人继续使用远光灯，减低速度和移动到最右侧车道，扫视道路的右边线，作为你所在车道位置的定位线。

3）频繁扫视前方，察看迎面车辆的大概位置，但是不要直接地看迎面车辆的明亮的前照灯。

4. 超前照灯速度

"超前照灯速度"，是指在该行驶速度下，停车所需距离比前照灯灯光照射的距离还长。若前方有一障碍物，由于是在前照灯灯光照射距离之外，驾驶人暂时没有看见，等接近到看见时急踩制动踏板，想在碰撞前停车，但由于速度是"超前照灯速度"，停车距离大于灯光距离，结果还是撞上了。

利用4秒规则，判断你的车速是否小于"超前照灯速度"。

1）在前照灯照射距离内的前方，选择一个固定标志作为基准点。

2）立即开始记数："一一千一零——一""一一千一零—二""一一千一零—三""一一千一零—四"。

3）如果此时车未超过基准点，说明车速适当，是"前照灯速度"；如果超过基准点，说明是"超前照灯速度"，应减速。

五、雾

雾给驾驶人带来问题，雾中的小水珠反射光。如果你在雾中用的是远光灯，大量的光将反射到你眼中和导致能见度降低。为了看前方和帮助他人看到你，总是要在雾中使用近光灯，如图142中那位货车驾驶人所做的那样。

近光灯的低光束，引导大量强烈的光向下和穿透浓雾照到道路表面。

雾也能削弱你判断距离的能力。其他的汽车和危险，可能实际上比你认为的还近。由于可视距离分分秒秒在变化，在你和其他危险之间要保持一个额外的缓冲空间。

图 142

当你将要驾车进入浓雾笼罩的路段时，应提前减速。如果雾很浓、很重，你必须减速到很低甚至驶出道路和在安全的地方停车，直到浓雾散去。

六、雨

雨会削弱驾驶人看见和被人看见的能力。当大雨伴随大风时,能见度可能降得更多。当驾车进入一场阵雨中时,打开你的风窗玻璃刮水器和除霜器,保持车窗不蒙上蒸汽。

在大雨中通过时,打开近光灯并降低速度,有助于其他人看到你。你需要警惕那些可能没有打开前照灯的驾驶人。大雨和阴暗,可能使观看变得很困难。如果雨大,以至几乎不可能看时,应驶出道路。如果可能,在安全的地方停车等待,直到阵雨过去。

雨中的其他道路使用者例如行人和骑车人,他们在衣服淋湿后身体不适、视力受限和急盼到达他们要去的地方。他们倾向于慌乱地保护自己躲避雨水打击,而不注意车流。作为防御型驾驶人,预见到其他道路使用者中的弱势群体会有上述危险动作,应用三步法化解此类问题。

七、雪

风卷起的雪,通过阻挡你的视线和覆盖路面标记,限制你的可见距离。大雪,能封闭行驶中的汽车后窗。如果雪泥或冰附着在刮水器的刮片上,你应当驶离道路,停车清洗刮片。

在下雪天,无论是白天还是夜晚,为了你能看和被别人看,必须使用近光灯。为了保持控制和给他人响应的时间,你必须降低速度。如果雪覆盖了道路,驾驶人不应当为避免越过道路边缘都移往最中间车道,拥挤在公路中央,这有使道路变窄的后果和增大迎面碰撞的机会。

八、应用三步法

雨、雪、雾和黑暗,会对每个人带来问题。在坏天气里,行人和骑车人可能受到干扰并忘记注意逼近的车辆,做出一些极端危险的异常动作。在执行"知己知彼""居安思危"战略、应用三步法时,牢记这个特殊环境下发生的特殊情况。

任何时候,只要能见度降低,应用三步法都需要更多的时间。如果你不能及早地走出第一步"识别危险",你就不能及时地走第二、第三步"决定对策""执行决定"化解危险。

第二节　牵引力减小

许多驾驶人,以为方向盘、制动踏板和加速踏板是控制汽车的三大件。这些装置是你驾驶汽车时的控制装置,而实际控制汽车行驶的是轮胎。轮胎和道路接触的面积,实际上是很小的，如图143所示。

图 143

这四个"脚印"，每个面积约23.5厘米×19.5厘米=458.25平方厘米。

当轮胎在路上停止或滚动时，阻止轮胎滑动的力称作摩擦力（或附着力）。当你两手掌一起摩擦时，你能感觉到摩擦力。

在轮胎和道路之间产生的摩擦力，常常被称为牵引力。在你的轮胎和道路之间的摩擦力越大，你越能控制你的汽车。

当驾驶环境和条件使在轮胎和道路之间的摩擦力急剧减小时，轮胎丧失它对路面的附着，你控制汽车的能力也随即丧失。

摩擦力让汽车抓牢道路、加速、减速和转弯。当踩下制动踏板时，制动摩擦力使车轮减速。当车轮减速时，在轮胎和道路之间的摩擦力使汽车减速。当你转动方向盘时，前轮提供牵引力，引导汽车转向。

降低牵引力，也就是降低摩擦力的情况，可能是由雨、雪、冰或沙粒和砾石在干燥的道路上引起。在牵引力降低的情况下，驾驶人必须使用特别的技能以保持对汽车的控制。

一、湿滑道路

湿滑道路，比其他能降低牵引力的情况，对驾驶人的影响更严重。

1. 开始下雨

当雨滴开始下落时，它们和路上的灰尘、油滴混合，形成一个特别滑溜的表面。直到这个混合物被冲洗掉之前，牵引力会被极大地降低。甚至那时，轮胎不能像在干燥的铺面路那样抓牢湿的道路。为了保持控制，应降低速度。

下雨时，只有你前面的汽车留下轮迹的地方是比较干的路面。沿着这些轮迹驾驶，将会给你较大的牵引力。

2. 水面滑行

如果雨下得很大，轮胎可能倾向于漂浮在"驻水"的顶部。"驻水"，指的是在前轮前面保持的雨水堆集，如图144所示。

图 144

这种情况叫作"水面滑行",简称"水滑"。前轮起抓牢路面作用的花纹,很多已完全不抓路面,更谈不上抓牢了。当这种情况发生时,所有的转向、制动能力都会丧失。当驾驶人力求转弯时,汽车倾向于直线行驶。

水面滑行可能由以下因素的结合而引起:路面积水、汽车速度等于和大于 50 千米/时、充气不足或磨损非常严重的轮胎。

即使是具备良好的轮胎,且有适当充气压力的汽车,当速度达到 80 千米/时时,也可能会水面滑行。雪或烂泥和积水混合,会增大水面滑行的概率。

为了避免水面滑行,应该用有良好的花纹且有正常充气压力的轮胎驾驶,并降低行车速度。

3. 深水

当你不知道面前的水的深度是多少时,千万不要驾驶你的汽车通过。深水可能是很危险的,如图 145 所示。

图 145

图 145 中三个箭头表示:左箭头——流动的水施加给汽车上的阻力,水越深,阻力越大;中箭头——浮力能使汽车重量减轻一半;右箭头——水深约 2 米时,水流能冲走普通的汽车。

洪水比其他气候灾难引起的死亡更多，且60%与车辆有关。如果你必须驾车通过深水，使用以下步骤：

1）查看水的深度，通过看淹在水中的其他物体，如消防栓、栅栏柱和驻停的汽车，判明水深。如果水深已达到你汽车的保险杠，不要进入水中，应掉头走另外的路。

2）在深水中，慢慢地走，以便累积在你汽车前面的水有时间散开。在道路的中央，汽车通过应当一次一辆，应该使用道路中央，避开低软的路肩。

3）涉水行驶时，用右脚轻踩加速踏板的同时，用左脚轻柔地制动。这个动作有助于防止制动机构被浸得太湿。

4）离开水后，通过轻踩制动踏板，检验潮湿的制动机构。如果汽车驶向一侧或者不能减速，在施加轻的制动压力的同时，行驶一段短距离，摩擦力将会干燥制动机构所需要的热量。

二、雪

不同温度、不同类型的雪，能产生不同的牵引力问题。驾驶人需要知道如何应对不同的雪带来的问题。

当温度是在相当低的冰点以下，雪中的牵引力比在接近冰点（0℃）和开始化成水时的雪中的牵引力要好。雪和水的组合，会产生很滑溜的表面。

当在低温新雪落下时，牵引力可能还相当好。但是，在像交叉路口那样的地方，新雪被交通压紧，牵引力降低。被车流压下的雪很像冰，这让各种形式的打滑很容易发生。当雪融化时，牵引力可能很小进而汽车打滑。

1. 雪中驾驶技巧

在雪中驾驶时，为保持对汽车的控制，柔和的操作是关键。起动汽车行驶，必须是柔和地做，防止在轮胎和雪之间可利用且有限的牵引力丧失。如果驱动轮开始打滑，应释放加速踏板，再次开始。

柔和地转向和轻微地制动，能产生最好的结果。

为了让汽车在雪上得到最佳性能，冬季应使用雪胎或防滑链。防滑链覆盖轮胎的滚动面，增大摩擦力，它提供在雪或冰上最大的牵引力。

2."摇动"汽车

当你的汽车陷入深雪中不能动弹时，你通常能用"摇动"汽车释放它，如图146所示。

"摇动"汽车的步骤如下：

- 转动前轮笔直向前。

图 146

- 柔和地加速使汽车向前移动，勿使你的车轮自旋。
- 汽车停止向前移动的瞬时，换到倒车档使车向后移动。在换档前，放松加速踏板，并确信汽车仍然是停止的。
- 连续这个向后和向前的往复运动，直到汽车有足够长的清晰的轮迹，最后驶离深雪。

三、冰

一提到"冰"字，很容易联想到"滑冰"二字，或是童年生活的回忆（如果你是北方人），或是冬奥会速滑比赛精彩镜头的浮现。冰的表面是光滑的，轮胎和冰之间的摩擦力很小，也就是牵引力很小，汽车极易失控：不能前进、不能制动、不能转向、车轮空转。

为什么在寒冷的冬天因冰发生车祸屡见不鲜？

按"知己知彼，百战不殆"战略找原因。在公路运输特定环境和条件中，关于"冰"的几个问题有待我们认识。

1. 什么样的气候最值得警惕

如果温度降到冰点（0℃）以下和正在下雨，这个天气情况特别值得警惕。因为，这两个条件恰是生成雪、冰和雾凇、冷雨落在物体表面而成的冰状冻结物）的条件。

在温度迅速下降的同时下雨，冰可能在路面上形成。结冰开始时，道路表面没有任何可见的变化。在这样的环境中驾驶的许多驾驶人，没有意识到路面已变成牵引力很小的滑溜路面，仍然按常规操作，导致汽车失控、碰撞发生。

2. 温度对牵引力有何影响

如果冰的温度从 –18℃ 升到 0℃，轮胎和冰之间的摩擦力即牵引力减小一半。因此，从牵引力的角度看，如果气温已经在零下，不是越冷越坏，而是相反。记住，在冰点即 0℃ 时的冰对牵引力的影响最坏，汽车极易失去控制。

3. 哪些路段先结冰

在寒冷的冬天，你驾车行驶在公路上，没发现异常情况。但是，当驶上公路桥时，却发现牵引力异常，细看路面已呈现结冰景象。这时，应立即警惕起来，柔和地减速、谨慎驾驶。这是为何？参看图147。

因为，冷空气从桥上公路的上面和下面环流通过，引起桥上公路表面先结冰，而其他地面上的铺砌路面保温较好，水不易结冰。

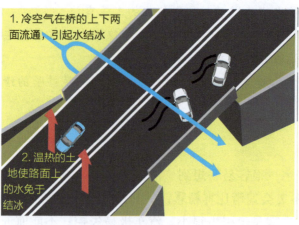

图 147

4. 何谓"黑冰"

所谓"黑冰",是指覆盖在物体上的薄片冰。这种冰透明且薄,尽显被覆盖物本色。如果覆盖在沥青路面上,就显沥清路面的黑色;如果覆盖在褐色山石上,就显褐色。这种冰看上去很硬且不易被识别。在冬天的山区道路上,对这种类型的冰要特别小心。

5. 车辙中的冰

雪可能被挤压进一般车辙内的冰中,应避免沿着这些滑溜的轮迹行驶,稍稍右移到最右侧车道,以便使用车道中未被压紧的不太滑溜的部分。

6. 人工除冰和驻车

在严酷的气候条件下,车窗和风窗玻璃刮水器可能结冰。如果你的车窗用刮水器和除霜器不能保持车窗无冰,应驶离道路,停车清洗。

在驾车通过多冰的或似雪泥的情况后停车时,不要使用驻车制动,否则可能结冰冻住。自动档汽车仅使用驻车位(P),手动档汽车仅使用倒车档。

四、其他减小牵引力的情况

1. 松散的碎石

在某些路上的碎石,能像轮胎下的玻璃珠子起作用和引起打滑。在那些形成压实板结的碎石通道上驾驶,你能获得大的牵引力和维持好对汽车的控制。

在松散的碎石上驾驶时,降低速度和稳固地握住方向盘。

在建筑区域,来自货车和其他重型机械的泥土或灰尘会被聚积在公路上。一旦下雨,一个非常光滑的境况将导致牵引力丧失。遇到坏天气,路肩上的碎石可能被冲刷到公路上。

2. 湿的树叶

在秋天，落在铺面路上的湿树叶，能极大地减小牵引力和影响停车及转向控制。当驶近湿树叶时，应减速、准备制动、柔和地转向。

五、打滑

天有不测风云，不利的气候条件随时会出现。如果你正驾车在路上，面对的问题将是牵引力（摩擦力）不同程度降低，汽车不同程度的失控，表现出来的是打滑。另外，在干燥路面上，由于驾驶人操作不当，也会发生打滑。如果车辆开始打滑，怎么办？

1）松开加速踏板。
2）松开制动踏板。
3）顺着滑动方向转动方向盘。

如果你在打滑的路面上无法控制车辆，应尝试寻找能够阻挡车辆的物体。尽量让一只车轮驶上干燥的路面或路肩。你可能必须缓慢驶入一堆积雪或一个灌木丛把车停住。

这是最基本的粗略的应对打滑的办法。作为防御型驾驶人，不能满足于此，对打滑现象要有更深入的认识：

1. 及早地发现

及早地发现打滑，才能有效地控制打滑。发现打滑的最佳方法是什么？参看图148和图149。

图 148

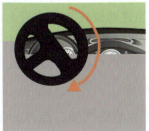

图 149

"向高处瞄准"看你的目标，想象良好地落下到公路上。当你看到你的车辆不在你期望的行驶通道朝着目标区行驶的瞬时，你需要开始校正这打滑。图148是例1，你的车辆开始滑离目标，向目标的右侧（站在目标的立场，面向你，判定方位，以下同），通过向左转动方向盘，引导回到朝着你的目标区。图149是例2，你的车辆开始滑离目标，向目标的左侧，通过向右转动方向盘，引导回到朝着你的目标区。

如果等你感觉到车辆打滑时，你可能做不到及时校正避免麻烦。记住两点：锁死或自旋的车轮不能提供转向控制；绝不要放弃校正打滑。

2. 加速时打滑

当你踩加速器踏板太猛烈时，驱动轮将自旋，结果就是在驱动轮和道路之间的牵引力丧失。如果不很快地校正，车的后面可能左右来回滑动（鱼摆尾）或自旋。

修正它：立即放开加速踏板，引导正在滑动的汽车后部到汽车方向，然后柔和地加速得到牵引力。

如果你的轮胎是因为发动机上"快怠速"设置开始打滑，换档到空档（N）和踩加速踏板一次，降低发动机的怠速。

避免它：柔和地加速，保持轮胎和道路之间的摩擦力。

3. 制动时打滑

如果你的汽车没有防抱死制动系统（ABS），你猛踩制动踏板，一个或四个车轮将被锁住（停止转动）和汽车将滑动。锁住的车轮，不能提供转向控制，因为车轮不转动，转向控制丧失。轮胎必须保持转动，以便你能转向。

修正它：立即放松制动踏板，引导正在滑动的汽车后部到汽车方向，然后柔和地制动。

避免它：及早地平滑地制动，柔和地减小牵引力。

4. 前轮打滑

如果你转动方向盘，你的车辆却要笔直向前滑动，说明你的前轮打滑。你的车辆的响应比你想要它做的小。为了校正这滑动，你需要获得转向所需的牵引力。你要做以下3件事：

1）放松加速踏板或制动踏板上的压力。
2）如果你的车辆没有ABS，为了减速，应快速地踩压和松开制动踏板。
3）在你想要的行驶通道上，连续地观察和操纵。

5. 后轮打滑

如果你正在直线驾驶，而你的车辆开始移离目标向左或向右，你可能是刚开始后轮打滑。这种打滑可能是"加速打滑"，由太多的动力引起，或者是在滑溜的路面制动引起。这种滑动开始的瞬时，做以下事情：

1）放松你的加速踏板或制动踏板。如果车辆是手动档，压下离合器踏板。

2）快速和精确地转动方向盘到你的车辆需要去的方向，如图148、图149所示。在笔直的道路上，朝着你的目标区和在你想要的车道上驾驶，谨慎地但不是过度地矫正由于转向太多引起的打滑。

3）在你校正初始的打滑后，你车辆的后端可能仍将有一点从一侧到另一侧的"鱼尾"滑动。朝着你车辆前行方向，做转向和反向转向。当你的车速降下来后，你的控制能力将增加，参看图150。

该图解可说明如何能精确、平滑、连续地做转向机动动作，最终校正"鱼尾"滑动。

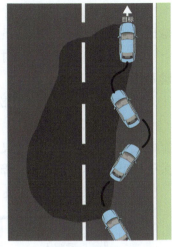

图 150

6. 在弯道上滑行

当你绕过一个拐角或弯道时，碰上一片冰地或发现转弯半径比想像的小很多，后轮开始打滑。在转右弯道时，后轮滑向左；转左弯道时，后轮滑向右。一旦后轮开始转向，汽车将更有效地响应转向。

修正它：不要制动。放松加速踏板，驾驶汽车朝正在滑动的汽车后端方向到矫直汽车，如图151所示。

图151中的6个位置的说明：1. 如果后轮滑向左；2. 转动前轮向左；3. 矫直汽车；4. 如果后轮滑向右，因调整过度导致"鱼尾"摆动；5. 转动前轮向右；6. 矫直汽车。

避免它：在转弯前，降低速度，围绕拐弯或弯道柔和地转向。

图 151

六、可控制的制动

快速的停车，可能锁住车轮，导致打滑和丧失所有的驾驶控制。

不会锁住车轮的快速停车，称为可控制的快速停车，这项技术被称为"可控制的制动"。

使用这项可控制的制动技术，你必须：

1）踩在制动踏板上，加压到足够使汽车很快减速，但不会达到锁住车轮的程度。为了在减速的同时保持转向控制，你的车轮必须转动。

为了做到这一点，有个办法你可试试：让你的脚后跟落在车厢地板上，用拇指球压你的制动踏板，充分强压使汽车很快减速，但不锁住车轮。

2）如果你的汽车开始打滑，让制动踏板上升到车轮开始转动，然后再次压下制动踏板。

3）重复这个"压下—松上—压下"制动踏板的动作，直到你的汽车停住。

施加恰当的制动压力，是掌握和使用"可控制的制动"技术的最困难部分。太重引起打滑，太轻不能很快停车。为克服这个困难，大多数新型车辆都装备了ABS。关于ABS的详情，见第二章第三节。

但要记住，ABS只保证在紧急制动时不锁死车轮，根本不能缩短停车距离。

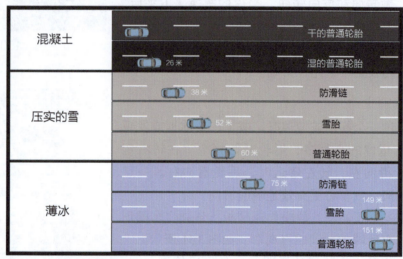

在32千米/时的制动距离

图　152

图152中显示汽车车速为32千米/时时，在三类8种情况下的停车距离：

类一，混凝土路面：

①干路、普通轮胎，6.1米。

②湿路、普通轮胎，7.9米。

类二，压实的雪路面：

③加强防滑链，11.6米。

④雪胎，15.9米。

⑤普通轮胎，18.3米。

类三，薄冰路面：

⑥加强防滑链，22.9米。

⑦普通轮胎，45.5米。

⑧雪胎，46米。

第三节　其他不利的气候条件

极端的气候，能使日常的驾驶变得困难。其他不利的气候条件，例如风、特别高的温度和冬天气候，也能影响你对车辆的控制。

一、风

强风能削弱你对车辆的控制。设想，如图153所示。

图　153

这辆货车从你的左侧通过。请注意是"左侧通过"，你预料会发生什么？你如何能保持对汽车的控制？

货车通过后，会有强烈阵风从左边刮来。为了保持控制，准备稍许减速和移到最右侧车道，施加额外的向左转向，使得恰好保持在你计划中的行驶通道内驾驶。

你可能有过从桥下或从隧道出来的经历，正是平衡地紧握方向盘和稍做转向修正，来应对侧风。

万一你发现要进入有台风的地区，做好行动准备。在台风中，你最不应该去的地方，就是你的汽车内。如果你看见了台风，没有躲避的地方，停车后离开你的汽车，在沟中或桥下躺下。

二、炎热的气候

你的车辆，被设计成能在广阔的温度范围内运行。冬有保温设备，夏有制冷设备。但是，在极端的情况下，也会有问题发生。

发动机过热！发动机温度警告灯亮或仪表指示。当这个发生时，关闭空调和通过打开加热器冷却发动机。这时的车内温度，会使你感到不舒适，但必须忍受。如果发动机温度警告灯继续亮着，驶向路边安全的地方，停车冷却。

发动机一旦冷却后，查看冷却液在储液罐中的液面水平。绝不要打开发动机散热器盖。如果需要，向储液罐中补充冷却液或联系修理厂。

三、寒冷的气候

在寒冷的气候中驾驶，有以下 3 件事要注意：

1. 警惕排气泄漏

发动机运转排出的废气中，含有一氧化碳，这种气体无色、无气味、会致命。即使是很少的排气漏泄，也会成为问题。当你驾驶时，总是要有源源不断的新鲜空气来到你的车中，必须打开一点车窗。如果你陷入雪中，让发动机运转取暖，要检查、确信排气管未被积雪堵塞，如图 154 中的驾驶人正在做的那样。

图 154

2. 不要高速空转冷态发动机

让冷态发动机高速空转，将加速磨损。

3. 不要使用驻车制动

当你驻停汽车时，附着在车下的冰和雪泥会冻结你的驻车制动机构，不要使用驻车制动。但是，自动变速汽车的变速杆应在驻车位（P 位），手动变速汽车的变速杆应在倒车档（R）。

四、冬天驾驶的建议

对汽车的控制，取决于轮胎和道路之间的相互作用。在冰和雪覆盖的路上，或在任何有牵引力降低的境况下，停车和转向需要较大的缓冲空间。

以下建议将帮助你在危险的冬天驾驶时保持对你汽车的控制：

（1）获取交通信息　注意电视台和广播电台关于交通事故、道路施工和坏天气的报告，也可以利用互联网获取信息，尽量做到出行前心中有数。

（2）保持车窗干净　在驾驶前，除去雪和冰，确信风窗玻璃刮水器和除霜器工作良好。

（3）依据情况减低速度　按你需要慢慢地行驶，直到确信能从轮胎得到多少牵引力。在冰或雪上，可使用低档保持对汽车的控制。

（4）体验铺筑的路面　当汽车正以较低的速度行驶时，你轻踩制动踏板试验，以发现在这个路面上你有可利用的牵引力是多少。

（5）保持安全的跟车距离　在路面结冰后，在你和前面汽车之间必须有更大的空间。

（6）发现前方的危险点　例如，在桥或弯道上的冰。

（7）打开部分车窗　有助于防止车窗玻璃雾化。

（8）巡航控制　在不利的气候、拥堵的交通、接近坡顶和弯道等情况下，不使用自动巡航控制装置。